4·16구술증언록 단원고 2학년 3반 제3권

그날을 말하다

예진 엄마 박유신

이 도서의 국립중앙도서관 출판예정도서목록(CIP)은 서지정보유통지원시스템 홈페이지(http://seoji.nl.go.kr)와
국가자료공동목록시스템(http://www.nl.go.kr/kolisnet)에서 이용하실 수 있습니다.
CIP제어번호: CIP2019008129

4·16구술증언록 단원고 2학년 3반 제3권

그날을 말하다

예진 엄마 박유신

4·16기억저장소 기획 편집
(사) 4·16세월호참사가족협의회 지원 협조

한울

책머리에

　4·16기억저장소에서는 세월호 참사 5주기를 맞아 구술증언 수집 사업의 결과물 일부를 100권의 책으로 발간하게 되었습니다. 이 사업은 2015년 6월부터 다양한 학문 분야 구술 연구자들의 자발적인 참여로 진행되어 왔으며, 세월호 참사를 좀 더 정확하고 다각적으로 기록하고 기억하고자 하는 노력의 일환으로 수행되었습니다.

　2014년 참사 발생 이후, 참사 피해자들의 목격담과 경험은 안타깝게도 공식적인 국가기관과 언론의 기록 속에서 철저히 소외되거나 왜곡되었습니다. 그것은 세월호 참사가 우리에게 안긴 죽음과 고통의 충격만큼이나 우리 사회의 끔찍한 비극이었습니다. 따라서 사업을 진행하면서 세월호 참사 희생자 가족, 생존자, 생존자 가족, 어민, 잠수사, 활동가, 기자 등등, 참사의 초기 과정을 직접 경험한 분들의 증언을 우선적으로 수집했습니다. 구술자는 이 사업의 취

지와 방식에 개인적으로 동의한 분 중에서 선정했으며, 참여 과정에 어떠한 금전적 보상이나 이익이 제공되지 않았습니다. 또한 구술증언 수집 사업을 진행하는 동안, 면담자는 연구자이자 참사를 겪은 공동체 시민으로서 최대한 윤리적이고자 노력했습니다.

구술자마다 매회 약 2시간씩 3회를 원칙으로 음성 녹취와 영상 촬영을 하는 방식으로 진행되었고, 증언의 일관성을 확보하기 위해 면담자는 큰 틀에서 공통 질문지를 사용했습니다. 공통 질문지의 내용은 참사와 구술자 간의 관계성에 따라 차이가 있지만, 유가족 구술의 경우 1회차 '참사 이전의 삶, 팽목항과 진도에서의 경험, 자녀에 대한 기억'을, 2회차 '참사 이후 투쟁과 공동체 활동 경험'을, 3회차 '참사 이후 개인 및 가족이 경험한 삶의 변화와 깨달음, 자녀의 현재적 의미'를 중심으로 했습니다. 이처럼 증언 내용은 참사 이전에서 시작해 참사 발생 당시의 경험과 이후의 변화 과정까지 폭넓게 수집했고, 면담자는 구술 채록 과정에서 구술자의 발화를 최대한 존중하고자 했으며, 무엇보다 각자의 특수한 경험과 다른 시각을 충실히 반영하고자 했습니다.

이 구술증언록의 발간을 위해, 채록된 음성 자료는 문서로 변환해 구술자와 함께 검토했고, 현재 시점에서 공개할 수 있는 영역과 할 수 없는 영역으로 구별했습니다. 따라서 책에 실린 내용은 모두 구술자로부터 공개를 허락받은 부분입니다. 비공개 영역은 추후 구술자의 동의를 받아 적절한 절차를 거쳐 추가로 공개될 수 있으리라 생각합니다.

이 구술증언록 100권에는 그동안 우리 사회에 왜곡되어 알려지거나 잘 알려지지 않았던, 참사 발생 직후 팽목항과 진도 혹은 바다에서의 초기 상황에 관한 중요한 증언이 포함되어 있습니다. 또한, 자녀를 잃는 잔인하고 애통한 상황을 겪으면서도 그 누구보다 강인한 정치적 주체로 성장할 수밖에 없었던 유가족의 마음과 경험을 구체적으로, 그리고 여러 각도에서 살펴볼 수 있습니다. 그 외에도, 이 구술증언록은 2014년을 전후한 한국 사회의 여러 측면을 드러내는 귀중한 자료가 되리라고 생각합니다. 무엇보다 국내외의 많은 분이 이 책을 읽어, 장차 세월호 참사의 진상 규명과 역사 서술에 기여할 수 있기를 바랍니다.

구술증언 수집 사업이 진행되고, 책으로 출간되기까지 많은 분의 도움과 지지가 있었습니다. 이 지면을 빌려 부족하나마 감사의 말씀을 전하고자 합니다.

먼저 (사)4·16세월호참사가족협의회와 4·16기억저장소에 감사를 드립니다. 이분들의 신뢰와 적극적인 협조가 없었다면, 이 사업은 처음부터 시작할 수조차 없었을 것입니다. 또한 어려운 정치 환경 속에서도 사업의 취지에 공감해 재정 지원을 결정해 준 아름다운가게와 역사문제연구소에 감사드립니다. 두 단체 덕분에, 이 사업을 4년 동안 계속해 올 수 있었습니다. 그리고 구술증언록 100권의 발간에 동의하고, 바쁜 일정에도 출판 실무를 기꺼이 맡아주신 한울엠플러스(주)에도 감사를 드립니다. 이 외에도 많은 개인과 단체가 직간접적으로 많은 도움을 주시고 격려해 주셨습니다. 여기에 모두 밝히지 못하는 것을 죄송하게 생각합니다.

　말할 필요도 없이, 가장 크고 또 가슴 아픈 감사는 구술자 한 분 한 분께 드리고자 합니다. 이 책이 발간될 수 있었던 것은, 무엇보다 용기를 내어 아픔과 고통의 기억을 다시 떠올리고 장시간 진심으로 이야기를 해주신 구술자가 있었기 때문입니다. 오랜 시간 이야기를 나누며 함께 공감하기도 했지만, 그 아픔과 고통을 어떻게 가늠할 수 있을까 싶습니다. 더 큰 도움이 되지 못함을 안타까워하며, 이 구술증언록 100권의 발간이 피해자분들에게 조금이라도 위로가 될 수 있기를 기원합니다.

2019년 4월

4·16기억저장소 구술팀 책임자
서울대학교 인류학과 교수 이현정

차례

■ 1회차 ■

예진 엄마 박유신

구술자 박유신은 단원고 2학년 3반 고 정예진의 엄마다. 활달한 성격의 예진이는 동방신기와 같은 무대에서 공연하는 것이 꿈이었다. 진실 규명을 예진이가 내준 숙제로 생각하는 엄마는 4·16가족극단 '노란리본'에서도 열심히 활동하며 가족의 경험을 알리는 데 힘쓰고 있다.

박유신의 구술 면담은 2015년 10월 13일, 27일, 11월 10일, 3회에 걸쳐 총 3시간 40분 동안 진행되었다. 면담자는 김향수, 촬영자는 박여리였다.

구술자 본인의 프라이버시나 제3자의 프라이버시를 보호해야 할 부분을 제외하고는 구술자의 발화를 있는 그대로 전사했다.

1회차

2015년 10월 13일

시작 인사말

면담자   본 구술증언은 4·16 사건에 대한 참여자들의 경험과 기억을 기록으로 남김으로써 이후 진상 규명 및 역사 기술에 기여하고자 합니다. 지금부터 박유신 씨의 증언을 시작하겠습니다. 오늘은 2015년 10월 13일이며, 장소는 안산시 글로벌 다문화센터입니다. 면담자는 김향수이며, 촬영자는 박여리입니다.

참여 동기 및 활용 제안

면담자   구술증언을 하시게 된 특별한 동기가 있으신가요?

예진 엄마   아이들 진상 규명되는 거에 대해서 보탬이 되는 거면 작은 거 하나라도 다 하고 싶거든요. 그런 생각은 하고 있었는데, 기현[배우, 4·16기억저장소 자원봉사자] 씨가 마침 전화가 와서 "나중에 갈수록 기억은 점점 희미해진다. 기억이 남아 있을 때 얘기 좀 해줬으면 좋겠다. 역사나 기록이나 진상 규명에 보탬이 될 수도 있다"고 이야기를 했어요. '작은 거라도 해야 된다'는 생각에 참여하게 됐습니다.

면담자   구술증언이 어떻게 활용됐으면 하세요?

예진 엄마   글쎄요. 제가 큰 보탬이 될지 어떨지는 모르는데 1년 이상 겪어오면서 정말 너무 많은 걸 경험했거든요. 경험하지 말았어야 될 일을 너무 많이 경험했고, 저희 같은 시민들은 경험 못 해 보고 평생을 살 수도 있는 거잖아요. 근데 이러는 게 좋아서 '경험해 보라'는 건 아니고, 이런 참사가 생겨서 저희 같은 사람이 [다시는] 이런 경험을 안 했으면 하는 바람이 큽니다.

3
첫아이 예진이

면담자   오전에 다른 일정이 있으셨어요?

예진 엄마   오늘은 일정이 없었어요.

면담자   여기 나오시는 사이에 일이 있으셨어요?

예진 엄마   아니요. 일은 없었고, 작은애가 시험 끝나고 일찍 오니까 점심 챙겨주고 오느라고….

면담자   그래서 오전이 편하다고 하신 거군요.

예진 엄마   아니요. 생각을 못 했었는데, 며칠 전에 시험 본다는 걸 알았어요. 급식을 하는 줄 알았더니 밥을 안 먹고 온다고 해서.

면담자   작은애는 두 살 차이니까, 지금 고등학교 몇 학년인가요?

예진 엄마   1학년.

면담자   지금 다니는 학교는요?

예진 엄마   □□고등학교에 다니고 있습니다, □□동에.

면담자   언제 처음 안산에 오시게 됐어요?

예진 엄마   저는 안산에는 산 지 20년이 넘어요, 20년 넘게. 제 고향보다 더 오래 살았죠, 80년대[에] 왔으니까.

면담자   어떤 계기로 오시게 되었는지요?

예진 엄마   고등학교 졸업하면서 취업에, [그리고] 언니가 여기 살았었으니까. 큰언니 집에서 살면서 정착하게 됐어요.

면담자   어떤 일을 하셨어요?

예진 엄마   많이 했어요(웃음). 서점에서 일했고, 학원에서도 일했고, 결혼하고서는 시화공단에 다녔었고.

면담자   결혼은?

예진 엄마   97년도에 했습니다, 1997년도.

면담자   예진이가 첫아이잖아요. 결혼하고 가정주부로 지내셨어요?

예진 엄마   (울음으로 잠시 구술 중단)

면담자   목걸이를 예진이로 하셨네요.

예진 엄마   예, 예진이 이니셜 박힌 거. 할 수 있는 게 이런 거밖에 없더라고요(울음).

면담자   좀 쉬었다가 할까요?

예진 엄마   아니요(한숨). 예, 괜찮습니다.

면담자   아버님이랑 어떻게 만나셨어요?

예진 엄마   아가씨 때 제가 되게 활달했어요. 예진이가 절 닮아서 그런 거 같고, 활달했으니까. 주변에 아는 언니들도 많고 친구들도 많은데, 그 언니가 저를 잘 봐서. 치킨 집을 했었는데, 그 언니의 친정 엄마가 우리 신랑을 알았어요. 그래서 자연스럽게 그 치킨 집에서 만났어요, 자연스럽게.

면담자   예진이 키우면서 기억에 남는 일화가 있으세요?

예진 엄마   우리 정예진은 어휴, 굉장히 사람들 사귀는 데에 너무 잘했어요. 어릴 때부터 소아과나 어디 가면 가서 자기소개하고, 애들이 소아과에서 겁먹잖아요, 병원이니까. 자기보다 큰 언니, 자기보다 작은 오빠 이런 애들한테 자기 이름 먼저 말하고, "안 무서운 데야" 그러면서(웃음), 많이 그랬어요. 사교성이 굉장히 좋았죠. 그리고 말도 좀 빨랐고, 애가 모든 면에서 빨랐어요.

면담자   두 살 터울이면 어렸을 때는 키우기 힘드셨을 것 같은데요.

예진 엄마   16개월 [차이]거든요, 두 살이래도. 예진이는 12월생이고, 동생은 4월생이에요. 16개월 [차이]라서 힘들었죠. 예진이 돌때, 우리 ○○이가 뱃속에 6개월[째]이었으니까.

면담자 둘을 이렇게 안고 다니셨어요?

예진 엄마 맞아요. 배는 이렇게 나오고 그랬었어요.

면담자 애들끼리도 되게 애틋했을 것 같아요. 얼마 차이가 안 나서 가장 친한 친구이면서도 누나이자 동생?

예진 엄마 어릴 때, 얘가 초등학교 고학년, 중학교 들어가면서는 같이 잘 안 다니더라고요. 초등학교 때까지는 학교 갈 때도 항상 손을 잡고 갔어요, 동생[하고]. 그래서 동네 사람들이 "엄마가 시키냐?"고 그랬어요. 안 시켰거든요. 제가 애들 학교 가거나 어디 갈 때면, 지금도 그렇지만, 가족이 안 보일 때까지 보는 습관이 있거든요. 만약에 창문에서 내다보면 안 보일 때까지 보고 그런 습관이 있는데, 애들 학교 갈 때 보면 끝까지 손을 잡고 가더라고요. 그렇게 동생을 챙겼어요. 그런데 사춘기 되면서[부터]는 길가에서도 보면 멀리서도 조금 외면하고 가고 그랬던 것 같애요, 중학교 때.

면담자 보통 남매들이.

예진 엄마 예, 그랬었어요.

면담자 말씀하신 소아과에서의 일들이 특별히 기억에 남는 이유가 있는지요?

예진 엄마 애가 굉장히 빨랐어요. 재롱 잔치나 뭐 할 때도 오프

닝 멘트 같은 것도 오빠들이 있는데도 얘가 했고, 송사? 졸업하는 언니, 오빠들 대신해서 얘가 다 했고. 그래서 다 엄마들이 그러겠지만 천재 난 줄 알았어요. 천재 난 줄 알았어요, 저희가.

면담자 　　　그 대스타?

예진 엄마 　　슈퍼스타.

면담자 　　　슈퍼스타 기질이 어렸을 때도 나온 거네요.

예진 엄마 　　예, 애가 가만히 있는 성격은 아니었어요.

면담자 　　　재미있었을 것 같아요.

예진 엄마 　　재미있기도 하고 싸우기도 많이 싸우고. 엄마하고 딸은 그런 것 같아요. 많이 싸우고 화해나 이런 단계 없이 자연스럽게 되고[풀어지고], 많이 그랬던 것 같애요.

면담자 　　　싸웠던 것 중에 기억에 남는 건 어떤 게 있으신가요?

예진 엄마 　　별거 아닌 것 갖고 많이 싸웠어요. 예를 들어서 방에 들어가면 옷도 그대로 벗어놓고 안 걸어놓고, 머리카락 같은 거 있으면은 엄마니까 잔소리하잖아요. 그러면 "내 방인데 신경 쓰지 말라"고, 그러면은 "어디서 버릇없이 하냐?"고. 작게 시작하다가 확 커지고, 그런 거? 또 영화를 많이 보러 갔어요, 가족끼리, 고등학교 [학생] 되기 전까지는. 고등학교에서는 시간이 없어서 한 달에 한 번, 두 번, 세 번 이렇게는 항상 같이 다녔는데, 자리 갖고도 싸웠죠. 저랑 서로 통로 쪽에 앉으려고, 그런 거. 〈비공개〉

면담자   되게 친하기 때문에 싸울 수 있는.

예진 엄마   맞아요. 그리고 제가 친구들 동창 모임 같은 걸 가면은 [예진이가] 옷을 어떻게 입는가 체크를 많이 했어요. "엄마가 옷을 잘 못 입고 가면 아빠 욕먹이는 거라"고, 애가 큰 애처럼 말을 했어요. 제가 짜증은 냈지만 속으로는 되게 좋았어요, 그런 게. '이래서 딸인가 보다' [생각했죠]. 뭐든지 엄마가 입은 거는 마음에 안 든다고 이건 절대 입으면 [안 된다고]… 훈계질을 많이 했고, 하여튼 그랬어요. 그런데 좋았어요.

면담자   아이들 키우면서 중요하게 생각했다거나 이런 아이로 자랐으면 좋겠다고 생각하신 게 있어요?

예진 엄마   제가 시골에서 태어나서 가족이 굉장히 많거든요. 남매, 딸로 막내고 밑으로 남동생이 둘 있어요. 그런데 우리 엄마, 아버지는 보통 평범한 엄마였거든요. 그런데 저하고 친했던 친구가 굉장히 잘살았어요. 저는 평범한 집안에서 평범하게 자란 앤데 그 친구는 너무 잘 살았기 때문에, 저도 모르게 주눅이 들었던 것 같아요, 돈 씀씀이나 옷 입는 것. 시골에서 솔직히 그렇게, 그 집은 하인까지 두고 살았으니까. 그런 거 보고 나서 제가 기를 죽고 살은[기가 죽어 산] 것 같아요. 그래서 우리 예진이는 기죽게 안 키우려고 어디를 가더라도 용돈 같은 것도 다른 애들보다 좀 더 주고, "할 말 있으면 하라"는 식으로 키웠고. 아빠는 공부보다는 인성을 중요하게 [여겨], "인간이 돼야 된다"고 항상 말을 했던 것 같아요.

"자신감 있게 살라"고 제가 많이 했던 것 같애요.

면담자   그런 것들이 예진이의 기를 더 살려주었나 보네요.

예진 엄마   그런 것 같애요. 애가 초등학교 6학년, 중학교 올라 가면서 살이 푹 찌더라고요. 애들이 살이 찌면 자신감이 많이 없 잖아요. 근데 애는 그런 게 없었어요. 누워 있으면 엉덩이가 커서 "조선 반만 하다" 막 농담하면은 일어서서 지 궁둥이 치고 가고 하면서, 애가 기죽고 그런 게 전혀 없었어요. 자신감이 항상 넘쳤 던 애에요.

4
참사 후 관계 변화

면담자   예진이 이야기하는 것이 많이 힘들지 않으세요?

예진 엄마   어디 가서는 많이 못해요. 우리 가족[세월호 유가족] 끼리는 이야기를 하는데. 예를 들어서 그 이전부터 알던 사람들, 그런 사람들 앞에서는 상대방들도 조심스러워 하고 저도 괜히 분 위기 그럴까 봐. 많이 모임도 나가지는 않지만, 거의 안 나가요. 근 데 지인들 가끔 만나면 저도 그냥 그[레]니까, 서로 조심하니까 이 야기를 많이 못 해요. 가족들끼리, 유가족들끼리는 하는 거죠.

면담자   아까 저장소[4·16기억저장소]에 3반 어머님들 오셔서 졸업앨범 인쇄된 것 미리 보시던데 졸업을 준비하면서 어떠셨어요?

예진 엄마 사진 20장을 고르라는데(한숨), 미쳐버리는 줄 알았어요. 그 20장을 고르는데 한참…. 앨범에 인생이 많아요. 제가 애들 어릴 때 사진 찍어주고, 필름사진 있죠? 그거 찾는 게 일이었거든요. 사진이 굉장히 많은데 솔직히 20장 금방 찾잖아요. 그런데 우린 또 그게 아니더라고요. 찾는데 너무 힘들었고 진짜 펑펑 울면서, 아무도 없을 때 골랐거든요. 그래서 아빠한테 최종적으로 봐달라고 하는데 아빠도 차마 못 보더라고요, 힘들었어요. 열아홉에서 연장이 안 되고 멈췄다는 게 너무 어처구니가 없고.

면담자 사진 고르실 때, 이전 생각들이 많이 나서서 힘드셨던 거죠?

예진 엄마 엄마들은 10년 전 사진을 봐도, 희미해도, 그 옷이 어떻게 생긴 것까지 다 알아요. '지퍼가 고장 났나 안 났나', '단추가 어떤 모양이네' 이런 것까지 다 알고. 어릴 때는 특히 부모 [옆에] 하루 종일 붙어 있잖아요, 하루 종일. 엄마는 기억이 다 나니까 그런 게, 상실감 같은 게 너무 크니까 굉장히 힘들었죠. 이사도 못 가는 이유가 그거 같애요, 계속 있었던 데라, [함께] 있었던 공간이고.

면담자 언제부터 사셨어요.

예진 엄마 그 동네에서 신혼을 시작했거든요?

면담자   오래됐네요.

예진 엄마   네, 오래됐죠. 동네 사람들이 우리 예진이 업고 돌아다닐 때부터 다 봤으니까. 지금 [집이] 예진이 고1 때 이사한 집이에요, 고1 5월 달에. 그 집에서는 예진이가 1년을 채 못 살고 그랬죠…….

면담자   주변에 보면 힘들어서 이사하시는 분들도 계시잖아요. 그런데 계속 남아야겠다고 생각하신 이유는 뭐였어요?

예진 엄마   팽목에 있으면서, 예진이 기다리면서, 예진 아빠한테 그랬어요. "예진이 데리고 올라가면, 다 장례 치르면 집도 이사 가고 안산도 떠나고 다 가자"고 그랬는데, 차마 집으로 못 들어올 것 같더라고요. 예진이 방에 못 들어갈 것 같더라고요. 그런데 막상 데리고 오니까, 문고리 하나든지[하나라도] 다 예진이가 스쳤던 데라서 못 떠나겠더라고요. 그래서 우리 ○○이한테도, 학교가 멀어요, 집에서. 그래서 물어봤더니 "안 가겠다"고 그러더라고요. "엄마, 그냥 여기서 살자" 그래서 이사를 못 가겠어요. 그런데 주변에서 그러는 사람들도 있어요. "언젠가 한번은, 네가 평생 [그 집에서] 안 살 거면은 언젠가 한번은 겪어야 된다"고, 이사 간 사람들이 한 소리예요. "이사 가면 좋은 점도 있다"고 이야기를 해주더라고요. [아이와 같이 살던] 집에서는 추억도 있지만, 있었던 데에 애가 없으니까 그게 더 아픔으로 많이 다가왔다고, [이사] 간 사람은 [그게 덜 하다고 하더라고요]. 그래서 그 생각도 솔직히 해보긴 해요. 마음이

한 번에도 막 12번씩, 하루에도 이랬다 저랬다 하고 그래요.

면담자　　　지금도 반 모임이나 이런 것들을 계속하잖아요. 그런 데서 이사나 이런 이야기들을 나누시는 건가요?

예진 엄마　　다 같이, 크게 이야기는 안 하고, 앉아 있으면 옆에 엄마가 작게 작게 하고. 지금은 반 개념보다 다 같이 움직이는 개념이 크잖아요. 그래서 그런 엄마들하고 그런 이야기도 하고 그래요. 밖에서는 우리 가족 아닌 사람들하고는 대화가 안 될 것 같아서 이야기도 안 하지만, 솔직히 이사 문제 같은 것만 해도, 얼마나 언론에서 배·보상 가지고 이야기를 했어요. 그래서 이사 가는 이런 것도 조심스럽고, 벽이 있어요 벽이.

면담자　　　어떤 점에서 조심스러운지요?

예진 엄마　예를 들어서 다른 반 언니가 경험한 건데, 기억저장소 뒤쪽에 살던 언닌데, 그쪽에가 재개발되잖아요. 그때쯤이 "배·보상 신청을 해라", 해수부에서 "설명을 들으러 와라", 이때인 것 같아요. 그래서 그 언니가 "재개발되는데 가지 말고 천막 치고 살아야 되겠다. 이사 [안] 간다"니까 "대번 그[배·보상] 소리 나오더라" 그러더라고요. 그런 이야기가 굉장히 많아요. 그래서 우리는(한숨) 뭐하나 조심스럽지 않은 게 없어요. 왜 이래야 되는 건지 모르겠고, 속상하고 제 자식 보낸 게 죄인이 된 것 같아요. 다 세월호 때문에 그렇다고.

면담자　　　그런 이야기를 들을 때 위축되기도 하잖아요.

예진 엄마   많이 위축돼요.

면담자   화나기도 하잖아요. 어머니는 어떠세요?

예진 엄마   두 가지 다 있는데 뭐가 크다고는 말을 못해요. 굉장히 위축되고 화나는 거는 말[할 것도 없이 화나고 어이가 없고. 이사 평수 넓혀서 가거나, 지금 40대고 50 정도 되면은 다 떠날 때고, 그죠? 집도 좀 크게 갈 때고 그럴 땐데, 그것마저도 눈치 보고. 차가 덜덜거려도(한숨) 고쳐 써야 되고, 못 탈 지경이 돼도. 10년 가까이 차 탔으면 망가질 때도 됐고 전자제품도 다 그럴 때 됐단 말이에요. 근데 그렇게 돼서 바꾸게 되면 또 말들이 있으니까, 조심스러우니까 바꾸지도 못하고. 제가 아는 엄마는 작년 7월, 8월 요때 세탁기가 고장 났는데, 저희 애들 그렇게 될 때부터 벌써 배·보상 이야기가 나왔어요, 사실. 그때부터 진도에서부터 들었었거든요. 근데 그 언니는 그런 소리가 너무 싫어서 손빨래를 했다 그러더라고요. 한 달 넘게 손빨래를 했대. 너무너무 힘들어서 밤에 세탁기를 들여왔다 하더라고요. 우리가 그렇게 살아요.

면담자   밤에 들여놓은 건 이웃들 때문이에요?

예진 엄마   네, 소문들이 많고 사람들도… 우리는 차라리 물어보면 괜찮은데, "어머, 저 집 세탁기 들어오네", "어머, 살림을 금방 바꾸네" 이런 식으로 [말]하는 것 같더라고요. 저는 직접적으로는 안 들었는데, 알던 언니가 본인이 궁금한 걸 저한테 물어보는 거 같아요. 본인이 궁금한 거를 "야, 너희 가족들 중에서 살림을 다 안

양에서, 전자제품 다 교환했다면서?" 이런 식으로 저한테 물어보더라고요. 그때 광화문에 투쟁 다니면서 지쳐 올 땐데, 그럴 때는 참 어이가 없었죠. '가까운 사람도 이렇게 물어보는데, 아닌 사람들은 얼마나 말을 많이 할까?' [생각하니] 무시하려고 해도 무시가 안 돼요.

면담자　　　친했던 사람이 그렇게 말하면 다시 보이거나….

예진 엄마　　안 봐요. 안 봐요, 진짜.

면담자　　　'왜 나한테 저 말 하지?' 이런 생각이 들었을 것 같네요.

예진 엄마　　이건 큰일 중에서도 진짜 큰일이잖아요. 사람이 딱 분리가 되더라고요. 사람들은 너무 아프기 때문에 무슨 말을 해야 될지를 몰라서 전화를 안 한다고는 하는데, 그건 아닌 것 같아요. 그건 아닌 것 같애. 친정 식구를 지난번에 처음 만났어요, 동생[을]. 친정 식구들도 아예 왕래를 안 했고, 시댁 식구들도…. 저희가 둘째 아들이긴 한데 차례고 제사고 저희가 집에서 다 모셨었거든요. 근데 4월 16일 이후로는 가족 모임 자체를, 저희 집에서 못 오게 하고 만나지도 않고…. 원망이 너무 크더라고요. '손녀딸 못 지켜준 조상님들 모셔서 뭐 하나?' 이런 생각도 들고. 근데 마음이 바뀌는 게 이번 추석 지나면서는 '우리 조상들은 무슨 죄가 있어서 자손한테 밥도 못 얻어먹나' 이런 생각도 들고 그러니까. 마음이 수시로 왔다 갔다 하고 그러는 것 같아요.

면담자　　　그러면 제사는 다른 집에서 지내시는 거예요?

29
·
1회차

예진 엄마   지금은 아예 다른 집에서 지내고 있어요. 아빠하고 우리 시동생하고는 보지는 않는데, 문자로 이렇게 주고는 받은 거 같애요. 〈비공개〉

면담자   왕래를 끊은 건 이전부터 그랬던 건지 아니면 이번에 약간 부딪치거나 마음이 상한 부분이 있었던 건지요?

예진 엄마   아니요, 부딪치고 그랬던 건 전혀 없었어요. 그 전부터 사이는 되게 괜찮았어요. 저희 아가씨나 형님, 누나는 저희가 친정이잖아요, 부모님들은 다 안 계시거든요. 저희가 친정인데 명절 지내거나 그러면 저희 집으로 오고 제사 때도 저희 집으로 오고 그랬는데…. 우리 예진이가 큰손녀에요. 집에서 제일 큰애거든요, 손녀들, 손자들 중에서. 명절 때도 윷놀이를 편 갈라서 하면 우리 예진이가 말판도 놓고 엄청 승부욕이 강해서 굉장히 재미있게 했단 말이에요. 1월 달, 설날 때까지만 해도 그렇게 모이는데[모였는데], 안 해봤지만 예진이가 없이 한다는 것 자체가 너무 아플 것 같아서, 우리 신랑한테 "다 필요 없다. 그런 게 무슨 의미가 있냐? 아무것도 필요 없다"고, 그래서 인사를 아예 안 하게 됐어요. 잘 지냈어요, 친척들하고 예진이 하고, 막내 고모하고는 더 친구같이 잘 지냈죠.

면담자   그분들도 힘들 것 같은데.

예진 엄마   그렇죠. 그런데 제가 문자라든가 이런 게 좋은 말이 안 나오더라고요. 고모는, 동생은 특히 엄마도 안 계시고 아버지도 안 계시니까 오빠네 집이 친정이잖아요. 저하고도 잘 지냈거든요.

근데 명절 때 "예진이 있는 데, 납골당에 갔다 왔다"고, "언니네 집에 가는 길에 들렀다"고 했더라고[하더라고]. 그것마저 거슬리는 거예요. "일부러 찾아와야지, 무슨 가는 길에 들르냐". 이런 것도 꼬투리를 잡았어요, 그러면 안 되는데. 그러고 나서는 우리 아가씨도 문자가 뜸하고, 지금은 서로 연락을 거의 안 하는 편이에요. 그 아가씨가 결혼 4년 만에 애기를 낳았는데, 전 아직 한 번도 못 봤거든요. 올해 돌이었는데 "알려는 드려야 될 것 같아서"[라고] 문자가 왔는데, 제가 [그냥] 안 가면 되는데 "내 새끼가 없는데 남의 애 돌잔치 뭐 하러 찾아다니니?", 이런 말을 했어요. 아가씨한테도 상처죠. 하지 말았어야 되는데…. 그런데 다 의미가 없더라고요, 가서 웃을 자신도 없고. 그래서…(한숨), 결국 깨진 거죠, 가족이 다.

면담자   예전보다 친구들이나 가족들과의 관계가 멀어져서 예진이 이야기를 할 수 있는 사람들이 많지 않다고 하셨는데요. 많이 힘들지 않으세요?

예진 엄마   그래서 우리 유가족들끼리만 만나는 편이에요, 거의 유가족들하고. 4월 16일 이후로 사회활동[시민사회운동] 하시는 분들? 그런 분들하고 이야기를 하는 편이에요. 어느 때는, 우리 예진이 중학교 때 친구까지 저는 다 알거든요? 그런데 걸어 다니는 게 겁나더라고요, 친구를 만날까 봐. 우리 예진이 친구를 사거리에서 한번 만났는데 제가 멀리서 외면하고 갔어요, 막 눈물이 쏟아져서. 그렇게 피해 다녔었어요. 그러다가 어느 정도 지나니까 '우리 예진이를 오래 기억할 수 있는 애가 친했던 앤데' 이런 생각도 들어서, 전화 오면 받고, 문자 오면 답장 보내주고….

면담자   아까 [말씀하신 그] 친구랑 연락을 하시는 거예요? 어떤 연락을 하세요?

예진 엄마   제가 광화문에서 작년에, 올핸가? [활동]하는 걸 애들이 봤나 봐요. 페북[페이스북] 같은 거에서 보면은 "건강 잘 챙기[시]라"고 "다치지 않게", "예진이가 바라지 않을 거"라고. 옛날에는 답장도 안 보냈었는데…. 그리고 제 생일날, 잘못 안 생일이지만, 그런 때 "축하드린다"고 문자 오고 이러면은, "고맙다"고 문자 보내주고. 또 얼마 전에 제가 『약전』[『416 단원고 약전』]을 했잖아요. 그때 애들한테 조심스럽게 물어봤더니 다들 자기네끼리 친했던 애들 다 모여서 집에 와서 [예진이와의 일화를 이야기]해주고, 예진이한테 보러 갈 때 데리고 가주고, 차편이 없으니까. 요즘에는 애들이 공부하는 것 같아서, [공부]해야 되잖아요. 그래서 제가 되도록 연락을 안 해요.

면담자   어머니, 예진이 친구를 길거리에서 만나고 다시 연락하기 시작한 게 언제예요?

예진 엄마   작년 9월? 10월? 그랬던 것 같아요.

면담자   계속 기사 보고 마음 써주고 그러는군요.

예진 엄마   너무 고맙죠. 페북 같은 것도 타임라인에 태그 걸어서 예진이한테 "보고 싶다" 이런 거 해주면 굉장히 위로가 되더라고요.

5
참사 전 일상생활

면담자   어머니, 예진이랑 있었을 때 하루를 어떻게 지내셨어요?

예진 엄마   고등학교에 들어가서는 굉장히 바빴어요, 얘가. 고등학교 들어가서는 "뮤지컬 배우 되고 싶다"고 "연기학원을 보내달라"고 그래서. 지가 다 알아보는 스타일이었어요. "여기는 이렇고 저렇고 다 알아봤는데, 친구 다니는 데를 알아봤는데 너무 맘에 든다"고 그래서 저는 등록을 시켜줬죠. 아빠는, 얘가 공부도 되게 열심히 했거든요, "왜 힘든 길을 갈려고 하냐?" [했어요]. 그래도 공무원 쪽으로 가면 인생이 평탄하잖아요, 우리나라에서는. 그렇게 이야기를 했는데 얘는 자기가 하고 싶은 걸 한다 하더라고요. 그래서 저도 "나이가 한 살이라도 어릴 때 본인이 하고 싶은 걸 해야, 나중에 안 되더라도, 다른 걸 해도 빠르지 않냐?" 그래서 무조건 학원을 보내줬는데 너무너무 좋아했어요.

아침에 제가 제일 먼저 나가거든요. 그러면 얘는 7시쯤? 7시 5분쯤? 이렇게 [나가요]. 아빠랑 동생은 8시에 나가니까 제가 일어나서 예진이 깨운단 말이에요. 한 6시나 6시 반 그 사이에 깨우면 얘하고 [있는] 아침 시간이 많죠. 얘는 아침에 6시 45분부터 밥을 먹고, 저 먼저 나가요, 얘는 7시 5분에서 10분에 나가고. 학교에 가서, 1학년 때는 바로 학원을 등록한 게 아니니까 야자[야간 자율학습]하고 그랬는데, 학원을 등록하면서는 뮤지컬학원에서, 연기학원에서 끝나는 시간이 매일 똑같지가 않으니까, 조금 일찍 끝나는 날은 끝나고 다시 학교 와서 야자하고, 안 그러는 날은 집에 11시 좀 넘어서 오고 매일 그랬어요.

그리고 주말에는 얘가 '티오피[T.O.P]' 봉사 동아리여서 할머니들 요양원, 할머니들 목욕시키는 데 가서 도와드리고. 저도 같이 가서 했거든요. 그랬어요, 아무튼 바빴어요. 그리고 수학여행 가기 직전에는 춤 연습한다고, 춤 연습하고 교회 갔다가 춤 연습하고. 그러니까 주말에는 얘하고는 약속을 미리 해야지 뭐를 할 수 있었어요, 토요일, 일요일에.

면담자 　어머님께서는 7시쯤 출근하셨던 거예요?

예진 엄마 　예. 7시 조금 안 돼서 제가 제일 먼저 나가서 시화공단으로 출근을 하니까.

면담자 　어떤 일을 하셨는지요?

예진 엄마 　회사 현장에서 일 했었어요.

면담자 　많이 힘들지 않으셨어요?

예진 엄마 박유신

예진 엄마　　　제가 예진이 있을 때도 그랬었어요. 살면서, 결혼하고 나서 이렇게 열심히 살아본 적이 없다고. 아가씨 때는 젊으니까 친구들 많고 어울리는 걸 좋아하니까 그렇게 살았는데, 결혼하고 나선 애들이 생기니까, 가정이 생기니까 책임감이 굉장히 생기잖아요, 엄청 열심히 살았거든요. 중학교, 고등학교 들어가면 돈도 들어가고, 우리 예진이가 욕심이 많아서 뭐 사고 애들한테 뒤지기 싫으니까[싫어하니까]. 저는 기죽는 거 싫으니까 다 해주고 싶으니까, 아빠도 그렇고 엄청 열심히 살았단 말이에요. 저나 아빠나 주말에는 거의 약속을 안 잡기로 하고 "가족끼리 보내자" 하고. 예를 들어서 제 개인적인 약속은 안 잡았어요. 가족이 전체가 할 수 있는 약속이면 다른 사람들하고 약속을 잡았는데, 개인적으로는 아빠나 저나 안 잡는 스타일이었어요.

면담자　　　가정적이시네요.

예진 엄마　　　네, 굉장히 가정적인 사람이에요.

면담자　　　주말에 낚시를 다니는 아버님들 보면 따로 시간을 내시던데요.

예진 엄마　　　어쩌다 한 번씩 그랬지. 그것도 가족 모임으로 많이 갔어요, 가족 모임으로.

면담자　　　같이 주말을 보냈던 것 중에 기억에 남는 일이 있으세요?

예진 엄마   저희는 시댁이 영월이라서 영월도 자주 갔고요, 관광이라기보다는 아버님 뵐 겸. 놀거리가 많잖아요. 시골 엄마, 친정 엄마 혼자 계시고 시아버님이 혼자 계셨으니까, 이렇게 번갈아가면서 다녔었고. 그런 일이 없으면 수암산도 가고, 멀리 대부도도 가고, 날짜 잡아서 "1박 2일로 놀러 가자" 이런 건 없었고[없었지만], 거의 집에는 없었고. 어릴 때는 화랑유원지 와서 다른 사람 하듯이 자전거 타고, 인라인 타고 그런 정도. 휴가 때는 애들 때문에라도 바닷가, 거의 바닷가를 많이 갔죠. 그렇게 다녔어요.

면담자   어머님은 퇴근하고 오시면 보통 몇 시쯤이었어요?

예진 엄마   일찍 오는 날은 5시 한 30분? 4시 50분에 오니까. 그리고 늦게 오는 날은 8시 50분? 9시? 이렇게 왔어요.

면담자   그때부터 다시 또 집안일 하시고요?

예진 엄마   예진 아빠가 굉장히 많이 도와주는 스타일이에요. 어떤 때는, 늦게 오는 날은 제가 밥을 먹고 와요. 그런데 전화해서 "밥을 안 먹었다"고 하면 싹 차려놓는 스타일. 그러면 술 한잔도 해 가면서, 좀 가정적인 스타일이었어요. 그리고 그때는, 지금 생각하면 굉장히 바쁘게 살았는데, 힘들다는 생각을 크게 안 한 거 같애요. 아침 일찍 일어나서, 일요일 날 같은 때는 애들 일어나기 전에 교복이라도 빨아놓고 해야지 같이 움직이니까. 다 해놓고 하면 애들이 일어나니까, 9시? 10시? 그러면 다 같이 움직이고 그래서 좋았어요. 굉장히 좋았어요. 그리고 애들 자랄 때도, 애들 초등학교,

중학교 들어가기 직전에 제가 예진 아빠한테 그런 소리는 했어요. "열심히 살아도, 집 한 칸도 없네" 그러면은, 예진 아빠가 칭찬에 좀 인색한 사람이거든요. 잊어버리지도 않는 게, "왜 없냐"고 "애들 잘 키워놓지 않았냐"고 그런 소리 해서 제가 좀 흐뭇했던 기억도 있고, "내 복에 이런 애들, 이런 신랑" 이러면서 살았어요. 사건 나기 직전에 회사 동료가 "좋은 일도 없고, 신나는 일도 없고" 이런 소리를 하잖아요, 사람들이. 내가 "그런 소리 하지 말라"고 "안 좋은 일 안 생기는 게 얼마나 행복한 거냐"고 제가 그랬단 말이에요, 4·16 일어나기 바로 며칠 전에. 그게 이렇게 가슴 절절히 와닿는지는 진짜 몰랐어요.

면담자   일은 언제부터 다시 시작하신 거예요?

예진 엄마   예진이 초등학교 1학년 때요. 1학년 때부터 했는데 처음부터 멀리 나가고 그런 거 안 하고요, 동네에서. 저희 집이 2층이었는데, 1층에 가내수공업 같은 걸 해요. 그래서 예진 아빠한테 사정을 해서, "일 다닌다고 애들 소홀히 할 것 같으면 다니지 말라"고 그래 가지고 소홀히 안 할라고 열심히 했어요. 1층에서 일을 하니까 2층에서 우리 애들이 뛰어다니는 소리로[가] 다 들려요. 그래서 화장실도 가면서 집에도 가보고 그렇게 하고, 거의 동네에서 하다가 중학교 되면서 조금 멀리 갔죠.

면담자   아버님이 도와주셔도 아이들이 어릴 때는 돌봐야 할 게 많고, 커서는 대화를 나눠야 할 것들이 많잖아요. 두 가지를 병행하시는 게 힘들지 않으셨는지요?

예진 엄마   힘들었죠. '당연히 해야 된다'고 생각하면서[도] 힘들었던 것 같아요. 우리 예진이는 태어나면서 백일 때까진 밤낮을 바꿔서 너무 힘들었고, 그런데 백일 지나니까 아주 거짓말처럼 바뀌더라고요. 그리고 둘이다 보니까 병원 같은데 한 번 갈려면 힘들어서. 예진 아빠가 한자리에서 하는 일이 아니기 때문에 좀 자유스러웠어요, 그래서 와서 병원도 같이 가고. 이동할 때 좀 힘들었죠, 이동할 때 둘 다 자면 힘들었고, 그 정도. 다 남들이 하는 그런 거였어요. 우리 애들이 잔병치레 많은 것도 아니고 그래서, 특별히 크게 '애 놓고[낳고] 고생했다' 이런 거 없었어요. 그리고 IMF 이때에도 아빠들 [대부분 어려웠죠]. 따라서 우리 예진이가, 다들 IMF 그때 태어났잖아요, 97년도. 그런데 다행히도 예진 아빠가 다니는 회사는 그런 영향을 안 받아서 크게 뭐 없었어요. 너무 평탄하게 결혼생활을 했거든요. 그게 좋았는데(한숨), 말도 못 하게 벼락을 맞아갖고.

면담자   아이들 학교 보내고 정보를 얻기 위해 엄마들 모임 하잖아요. 1학년 때 같으면 청소를 해주러 간다든지 하다못해 '녹색어머니' 이런 것들 해보신 적 있으신지요?

예진 엄마   저는 예진이가 큰애[였]기 때문에 너무 설렜어요, 다. 초등학교 들어갈 때도 설렜고, 중학교 교복 찾는 것도 설렜고. 그래서 우리 예진이 초등학교 처음 들어가서, 그때 더 젊잖아요, 30대초반이니까. [학교에] 멋모르고 갔는데 덥석 회장을 시킨 거예요, 좋은 건 줄 알고 했어요. 힘들었지만 좋았던 것 같아요, 예진이한테는. 선생님하고 많이 접하면서 예진이 이야기도 많이 했고, 선생님을 통해서 예진이 이야기도 많이 듣고. 그래서 그때부터 예진이가 기가 살았나? 학교를 그때는 자주 갔었어요. 거의 [매일] 청소해 주다시피 했으니까 많이 갔죠. 1학년 한 2학기 후반쯤? 그때부터 회사 일을 했으니까 그때는 못 하고 그랬죠.

6
참사 전 양육관, 정치관

면담자   아이 키우면서 정보나 세상 살아가는 소식들은 어디서 많이 들으셨어요?

예진 엄마   글쎄요, 젊었을 때는 내가 동네 사람들하고 어울리는 스타일이 아니라서…. 친언니가 광명에 살았었는데 거기를 애들 데리고 자주 놀러갔어요. 언니한테 들었나? 어디에서 누구한테 들었나? 이건 딱히 기억이 잘 안 나요.

면담자   아이들이 학교를 정한다든지 학원을 다니는 것들은 어머니가 알아서 해주셨어요?

예진 엄마   초등학교 때는 제가 했죠. 왜냐면 애들이 뭐 알겠어요, 그죠? 그래서 초등학교 때는 크게 보습학원 그리고 미술학원 이런 건 지가 "하고 싶다" 하면, 제가 미술학원을, 제[가 아는] 몇 안 되는 동네 엄마들한테 물어봐서 했고, 중학교 들어가면서는 본인이 친구들을 통해서 알아보고 그러면서 저한테 이야기를 하면 저는 그냥 등록시켜 주는 그런 정도였어요.

면담자 　　투표는 하시는 편이셨어요?

예진 엄마 　　저는 거의 했어요.

면담자 　　투표 때 판단 기준은 무엇이셨어요?

예진 엄마 　　저는 후보자들이 "무슨 일을 했다" 이런 거보다는 인상을 많이 봤어요(웃음), 얼굴 인상을. 주변 사람들이 무슨 말 해도 사람 인상을 많이 보고.

면담자 　　인상이 중요하죠.

예진 엄마 　　인상 보고 많이 뽑았어요. 근데 웃긴 게 2012년도에 대선을 했었잖아요. 우리 예진이 그때 중3이었거든요, 중3. 아마 그럴 거예요. 애가 학원을 가야 되는데 안 와요. 그날 생일이어서 학원 끝나고, 학원을[이] 끝나고였나? 예진이 생일이어서 밥을 먹으러 가기로 다 약속을 해놨는데, 문재인 씨가 중앙동에 왔다고 그 사람을 봐야 된다고 그래서 학원을 빼먹은 거예요, 영어학원을. "네가 뭘 안다고 그 아저씨를 만나러 가냐?" 그랬더니 "엄마, 박근혜 되면 안 된대" 그러면서[그래서] "누가 그러더냐?"고 그러니까 선생님이 그랬대요. 어른들이 할 이야기를 애가 해서 "어디 가서 그

40

예진 엄마 박유신

런 소리 하지 말라"고 제가 이야기했거든요 그랬더니 "엄마, 그렇대" 막 이랬었거든요. 지금 와서 생각하면 쟤[예진이] 말이 맞았었던(웃음), 그때 그랬었어요. 문재인 아저씨가 중앙동에 와서, 그 아저씨 보려고 그랬다가 저한테 혼났죠.

면담자   인상에 대해 다른 이야기는 안 하셨어요?

예진 엄마   그런 이야기는 안 했어요. 저한테 혼나기 바빠 가지고.

면담자   학원을 빼먹어서요?

예진 엄마   아니, 이야기를 안 하고 갔기 때문에 연락이 안 됐었거든요, 연락이. 여자애다 보니까 그런 게 굉장히 예민했거든요. 친구네 집 놀러 간다 그러면 "거기 오빠 있어?", "아빠 낮에 계셔?" [물어보고] "계시다" 그러면 못 가게 그러고. 우리 아들한테 두 살 차이 나지만 친구들 집에 오지 못하게 하라고, 누나 있을 때는. 설마 그런 쪽으로, 여자애다 보니까. 이어폰도 가끔 가다 보면 끼고 다녀요. 그러면 "한쪽이라도 빼고 다녀라" 그런 소리도 엄청 했고. 그런 쪽으로만 굉장히 제가 조심시켰어요.

면담자   세상이 험하니까요.

예진 엄마   예. "가다가 누가 쫓아오면, 위급하면 아무 가게나 들어가라". 그런 거만 조심시켰지 저렇게…, 자동차 정도는 조심시켰죠, "안전벨트 해라" 그런 거는.

7
수학여행 전날

면담자　　그런데 상상을 못 한 일이 생기신 거네요.

예진 엄마　　상상을 못 했죠. 제주도 간 날 아침에, 그날 우리 예진이[가] 꼬리곰탕을 먹고 갔거든요. 마지막[으로] 엄마가 해준 게 꼬리곰탕인데. 가면서 "예진아, 제주도에는 요즘 중국 사람들이 많이 있다더라. 혼자 이탈하지 말고, 화장실에 가더라도 꼭 친구들하고 같이 가고, 선생님한테라도 꼭 행선지를 말하고 가라" 그랬더니 "엄마는 내가 애냐, 알겠다"고. 근데 자기네들 숙소가 중국 사람들 우대하는 숙소라고 그러면서 신경질을 약간 부렸죠.

면담자　　수학여행 가는 거는 언제 처음 들으셨나요?

예진 엄마　　'배로 갈 것인가, 비행기로 갈 것인가' 그 조사 한 거를 몰랐어요. 근데 이 일 나고 나니까 엄마들이 1학년 때 다 조사를 했다고 그러네요. 그것도 아마 우리 예진이가 결정한 것 같아요, 엄마한테 안 물어보고. 2학년 올라가서 얼마 안 돼서 수학여행을 간다는 소리를 했어요, 예진이가, "배로 간다"고. 자기 친구, 원곡고 친구는 비행기로 갔다가 비행기로 오는데 자기는 "배로 가서 너무 싫다"고 그런 거 보니까 얘는 아마 비행기를 찍은 거 같애요, 설문 조사를 했으면. 그래서 "그러게, 엄마도 배는 너무 오래 걸릴 것 같아서 싫은데" [했더니] "그러니까" 하면서 굉장히 짜증을 냈어요.

예진 엄마 박유신

그러면서 수학여행 가기 직전에는 15일 날은 안개가 너무 껴서, 아침부터 끼고 그 전날도 끼고, 보통 애들 소풍이라도 가면 되게 신경 쓰이잖아요, 모든 게 신경 쓰여요. 신경은 그쪽으로 다 있는데, 특히나 3박 4일 가니까 더 그랬는데, 차에서 일기예보도 들으면서 가고. 15일 날 저녁에, 아니, 15일 4시 반쯤에 우리 예진이가 영상으로 전화가 왔어요, 회사에서 일하고 있는데. 그런데 안 보여요, 들떠서 목소리는 들리는데. 회사 밖으로 나가서 받으면서 저도 들떠갖고 "예진아, 전화 다시 해. 영상 안 보이니까 다시 해" 그러니까, 신나서 "지금 인천으로 버스 타고 가고 있다"고 전화가 왔는데. 그러고 나서 5시 되고 6시 되고 전화 한 번씩 올 때마다 애가 짜증이 섞인 거예요, 배가 출항을 안 하니까. 그래서 나도 계속 신경 쓰여서 인터넷으로 검색도 해보고, 인천 여객터미널 배 운항 시간이 몇 시간이나 걸리는지 [알아보니] 13시간 30분이 걸리더라고요. 예진이는 계속 통화하고 문자를 보내면은 "엄마, 안 갈 뻘[느낌]이야. 못 갈 것 같아, 안개가 너무 꼈대", 짜증을 내면서 차라리 집에 왔으면 좋겠대요. "엄마도 찝찝한데" [하고] 퇴근해서 오는데 전화가 와서 운전 중이라 못 받고 신호 대기할 때 전화를 거니까, 9시 되기 직전이거든요.

근데 그때는 좀 전에 통화할 때보다 목소리가 방방 뜨면서 "엄마, 지금 가" 그러는 거예요. 그래서 집에 오는 줄 알고 "잘됐다. 집에 가면 엄마하고 얼핏 시간이 맞겠다. 집에서 치킨이나 먹자" 그런 소리 하고 있는데, "배 타러 가" 그러더라고요. 낮에도 초저녁에도 안개 껴서 못 간다는데, 제 상식으로는 밤 되면 안개가 더 짙어진다고 알고 있거든요. "안개가 더 짙어진다는데" 그러니까 "몰라, 엄마. 해경이 가라 그랬대" 그러면서 탔단 말이에요. 간다고 했단 말이에요.

그래서 집에 와서도 ○○이한테 "야, 누나 지금 배 타고 가고 있어" [했죠]. 우리 예진이가 생채에다가 밥 비벼 먹는 걸 되게 좋아하거든요. [수학여행에서 돌아]오면은 적당히 익을 것 같아서 그거를 만들어놓고, ○○이한테 "야, 누나 지금 배 타고 배[바다] 한가운데 가고 있어" 그러니까 "완전 부럽다"고 그러고 있는 차였거든요. 그런 다음에 한참 있다가 방해될까 봐 전화는 안 하고 "몇 시에 출발했어?" 그러니까 "9시" 이렇게 찍어서 왔어요. "지금 자려고 하는 중" [해서] "어, 잘 자" 그러고 아침에 문자한 거죠.

면담자　　수학여행 준비 과정에서 기억에 남는 일이 있으세요?

예진 엄마　　우리 예진이는 어디 한번 가거나 무슨 행사 있으면 엄청 요란해요(웃음). "이것도 사야 돼. 저것도 사야 돼". 캐리어도 인터넷으로 검색을 하더라고요. 아빠는 장난으로, 기분 망치는 그 장난 있잖아요. "뭐 그걸 사냐? 우리 회사에 신혼여행 갔다 온 여직원 거 빌려줄게" 이런 식으로. 애는 막 짜증을 내죠. 캐리어를 인터넷으로 주문을 하면서 "엄마 회사로 가게 한다" [하고], "티도, 엄마, 이거론 안 돼" [하면서] 티도 주문해서 우리 회사로 오게 해서[하고], 후드 집업[zip-up]도 하나 산다고 [하고]. 그렇게 그 전부터 이야기를 해서 카드를 줘도 안 사는 거예요. "왜 안 사니? 엄마도 카드 써야 되니까 빨리 사라" 그랬더니 시간이 없었던 거예요. "아침 일찍 갔다가 11시[에 학원] 바로 끝나고 오니까 그렇다"고. 제가 사면 마음에 안 들어 하고 그러다가 결국은 못 사고 왔는데…. 왜냐면 13일 날 가족 전체가 NC 백화점을 갔는데, 이거는 이래서 싫고 10만 원 조금 넘으면 이건 비싸서 싫고 그래서, "사라"고 그러면 "엄마, 아니야. 갔다 와서 살게" 그렇게 해서 결국은 후드 집업도 못 사고 가고, 그냥 티 뭐 이런 거[만 사가지고 갔어요].

그리고 제가 농담으로 만우절 날, 제가 술 한잔 먹거나 기분 좋을 때는 회사에서 성과급 같은 거 나오면 팍팍 주는 스타일이에요. 그러면 애들이 기분 좋잖아요. 5만 원, 10만 원 주면은 되게 좋아했거든요. 그래서 그때도 장난으로 만우절 날, "야, 까짓것 엄마가 100만 원 쏴줄게" 그랬더니 걔도 혹시나 한 거예요. 지금 문자, 우리 통화한 내용이 있는데, 아직도 남았는데. 그랬더니 "헐, 진짜 대박. 엄마 콜" 해서 "만우절이야. 뻥이었어" [그랬죠](웃음). 제가 택배 같은 거 회사로 받아도 자기 거 열어 보고 그런 거 싫어하잖아요, 애들이. 그래서 그거는 가방에 넣고 갔는데, 가방이 올 때는 색이 다 빠져서 왔더라고요. 분명 살 때는 주황색 티라고 했는데 올 때는 주황색이 아니고 무슨 뻘[펄] 색깔, 그렇게 돼서 왔더라고요. 안 입은 거죠, 가서 입으려고 샀던 거니까. 그런 게 너무 (한숨) 속상하고 짜증 났어요.

8
교실 존치, 3반

면담자 　　　얼마 전에 교실 존치 [문제로] 총회도 있었잖아요. 그 때 느낌이 어떠셨는지요?

예진 엄마 　　　나라도 그렇고 다 문제가 있지만 저는 1차적으로 솔직히 단원고 [참 너무해요]. 우리 애들 부모 대신 맡겨서 간 거잖아요. 그래서 단원고에서 선생님들도 그렇고 부모님들 앞에서 넙죽 엎드리고 [사과해야 하는데] 그거 부족한 거거든요. 제가 생각할 때는 우리 애들을 다 데려가서 못 데려오고, 교실 존치 하나까지 [못하게 하고], 자기네들이 흔적 없이 슬픔 없는 곳에서 애를[애들을] 그 전에 명랑했던 모습으로 되돌려서 수업을 하고 싶다고 하는데, 이해가 안 가는 거예요. 그게 덮는다고 덮어지냔 말이에요, 슬픔도 교육이라고 그러면서.

　애들이 교육 차원에서 떠났다가 그렇게 된 거잖아요. 그러면 분명히 교육적으로도 큰 효과가 있을 텐데. 우리가 그 교실을 존치 안 한다고 우리 애들이 살아 돌아오는 것도 아니고. 너무 일방적으로, 우리 쪽 이야기를 들어보지도 않고, 아예 이야기를 들으려고도 않고 "무조건 빼라"는 식으로 이야기를 하니까 억울한 마음[이 들어요]. 그리고 우리 애들이 선생님들을, 학교를 얼마나 좋아했는데, 부모처럼 좋아했는데, 그 학교에서 저렇게 나오니까 배신감, 분노 이런 게 더 한 거 같아요. 차라리 정부나 이런데서 그러면 '그래, 너희는 원래 그랬던 애니까, 그랬던 사람들이니까' 해도 힘든 판인데 정작 나서서 우리 애들 억울한 죽음을 밝혀줘야 될 사람들이 저렇게 하니까 너무 야속하고 너무너무 속상해요. 이루 말할 수가 없어요.

면담자　　　아이들 교실에 반별로 청소하거나 아니면 그냥 찾아가시기도 하잖아요. 최근에 가신 게 언제예요?

예진 엄마　　지난주에, 지난주에 갔죠. 우리 엄마들이랑 간 게 아니라, 그냥 간 거죠, 예진이 교실 생각나서. 갈 곳이 너무 많아요. 학교도 가야 되고, 생각나면. 근데 없으니까 미치겠지만, 지난주에 가서 예진이 자리에 앉아 있다가 노트 있죠? 거기에다가 편지나 써놓고 그래요. 그런데 답이 없으니까 속상하고.

면담자　　　교실에 그날 가보시고 '따로 가고 싶다'는 생각이 든 이유가 있어요?

예진 엄마　　항상 그 이야기는 해요. 교실도 갔다가 [4·16]기억저장소도 갔다가. 왜냐면 어떤 엄마가 그러더라고요. 광화문에 자주 가는 엄마들이 있고 다른 일정 때문에 못 가는 엄마들도 있고, 힘드니까 못 나오는 엄마들도 있고, 굉장히 많잖아요. 그런데 그 엄마가 나한테, 광화문에 가서 애들 사진 보면 엄마, 아빠 자주 안 오는 애들은 얼굴이 슬프대요(한숨). 그 소리 들으니까, 우리 예진이한테도, 광화문도 그렇고 교실도 그렇고 [자주 가야겠더라고요]. 제가 제일 많이 가는 곳은 우리 예진이 있는 서호추모공원, 거기 제일 많이 가거든요. 그리고 학교나 이런 데는 가끔씩 가는데 그 소리를 들으니까 (한숨) 쿵 내려앉더라고요.

면담자   3반 교실은 다른 반에 비해 깔끔한 분위기던데요.

예진 엄마   별로 안 꾸며져서 그러지 않을까요? 모르겠어요, 따른 교실은 가끔씩 가봐서. 일단 가면은, 다른 분들도 그럴 거예요. 가면은 예진이 잘 있는지 갔다가 (한숨) 다른 데를 둘러보고 이래도 잘 안 들어와요, 사실은. 예진이 앉아 있던 자리만, 예진이가 손닿았던 데라서 한 번 더 만져보고 가방도 옆에다가 걸어도 보고, 애가 했던 거라. 키는 큰데 맨 앞에 앉았어요. 얘가 보니까 맨 앞에 앉았더라고요. 고등학교 때는 학부모 총회 같은 걸 밤에 했었어요, 저녁에. 예진이는 엄마랑 아빠랑 그런 일에 오는 걸 굉장히 좋아했는데, 제가 갈 수 있으면 간다고 [해놓고 못 갔어요], 마음먹으면 충분히 갈 수 있는데. 예진이가 "엄마, 언제 학부모 총회 있는데 엄마 못 오지?" [그러면] "어. 학교에서 [부모한테] 연락 안 오면 잘하는 거래" 그러고 안 갔거든요. 그래서 고등학교 때는 한 번도 못 갔거든요. 중학교 때는 몇 번 갔다가 [아이가] 둘이 있으니까, 고등학교 때는 한 번도 못 갔어요, 그게 또 미안하고. 사소한 건데, 애가 좋아하는 그 사소한 건데 그걸 [왜 못 해줬는지]. 그런 것도 미안하고, 미안한 게 너무 많아요.

면담자   오늘은 여기까지 하고 다음에 사건 당일인 4월 16일부터 진도랑 팽목에서의 이야기를 해주세요.

예진 엄마   저는 4월 16일 날, 시간 이런 게 사실은 기억이 확실히 안 나요.

면담자   시간은 정확하지 않아도 돼요. 그냥 기억나는 대로 이야기해 주세요.

예진 엄마   예진 아빠랑 저랑 같은 날 이야기를 다른 사람 앞에서 하는데, 서로 다른 이야기를 하고 있더라고요. "아니"라고 그때는 "이랬었다"고 그러니까 예진 아빠는 "무슨 소리냐"고 그런 경우도 있더라고. 기억이 서로가 다른[다르더라고요], 같은 장소에서 [있었는데]. 그런 경우도 있어서 깜짝 놀랐어요.

면담자   저희가 잘 정리하면 되니까 걱정하지 마세요.

2회차

2015년 10월 27일

1
시작 인사말

면담자　　　본 구술증언은 4·16 사건에 대한 참여자들의 경험과 기억을 기록으로 남김으로써 이후 진상 규명 및 역사 기술에 기여하고자 합니다. 지금부터 박유신 씨의 증언을 시작하겠습니다. 오늘은 2015년 10월 27일이며, 장소는 안산시 양지 자활센터입니다. 면담자는 김향수이며, 촬영자는 박여리입니다.

2
근황: 교실 존치 피케팅과 시민 반응

면담자　　　어머니, 몸이 안 좋다고 하셨는데요.

예진 엄마　　(한숨) 지난주부터 계속 일정이 있어서요, 단원고 교실 존치 때문에 피케팅 다니느라고. 피케팅, 서명전 다니다 보니까 힘드네요.

면담자　　　피케팅이나 서명은 어디로 주로?

예진 엄마　　지난주는 구리, 경기도 구리 하고 포천 갔다 왔고요. 어제는 교육청 앞에 [피케팅을 했어요]. 4·16, 그 '0416리멤버'들이 죽전에서 항상 [피케팅을] 하신다 그러더라고요, 그래서 교육청 끝나고 또 죽전 갔다가 오고 그러다 보니까 완전 녹다운돼서.

면담자   교실 존치 피케팅할 때 어떤 이야기들을 나누세요?

예진 엄마   피케팅이니까, 피케팅할 때는 문구로 이야기를 하는 거죠. "흔적이 없으면 기억에서도 사라진다", "참사가 다시 생긴다" 이런 문구, 그런 것 위주예요. 그리고 "교육청이 책임져야 되지 않냐" 그런 내용의 피켓을 많이 들어요.

면담자   피케팅할 때, 사람들 반응이나 기억 남는 것은 무엇인가요?

예진 엄마   장소마다 조금씩 달라요. 포천 같은 경우는 지역이 작은데도 관심도 많이 가져주시고, 거기서 선생님들 순직 인정해 달라는 서명전까지 같이 받았거든요[했거든요]. 그런데 어제 죽전 같은 경우는, 대놓고는 이야기 안 하는데, 지나가면서 들으라는 식으로 [나쁜 말들을] 많이 하더라고요.

면담자   어떤?

예진 엄마   둘이 가는 사람들은 둘이 대화 내용처럼, "아직 해결 안 됐어?" [하면] "왜 안 돼, 다 됐는데 욕심 때문에 그러지" 이런 식으로. 할아버지 같은 경우는 "지겨워, 지겨워" 이러면서 "미쳤어, 미쳤어", 예를 들어 이런 소리[를 우리] 들리게 하면서 가더라고요.

면담자   그런 이야기를 들을 때 어떠세요?

예진 엄마   처음에는 많이 속상하죠, 속상한데(한숨), 오면서 차 안에서 같이 갔던 분들한테 그랬어요. 같은 장소에 갔어도 서 있는

장소가 틀리니까(다르니까), 제가 말이 잘 들리는 자리에 서 있었나 봐요. 내가 같이 갔던 사람들한테 "무관심보다는 낫다, 그래도", 애써 그냥 그러면서 왔어요.

면담자 　　　달관하신 것 같은데요?

예진 엄마 　　　(한숨) 너무 많으니까.

면담자 　　　힘을 주시는 분들도 계시죠?

예진 엄마 　　　힘을 주시는 분들은 어제는 없었어요. 교육청 앞에서 했는데도, 차마다 리본 하나 붙은 차가 없었고요. 한 대도 없었어요, 애써 외면하려고 하더라고요. 점심시간 맞춰서 갔는데, 우르르 사람들이 나오는데도, 분명 피켓을 보면서 애써 외면하면서 자기 일행들하고 이야기하려고.

면담자 　　　거기 직원들인 거죠?

예진 엄마 　　　그렇죠. 저희가 [교육청] 밖에서 했는데, 구내식당에는 많이 계시니까, 나오는 분들은 간혹 걸어 나오시고 차로 많이 이동을 하시더라고요. 그래서 구내식당 쪽으로 가볼까 하고 들어가는데 불법이라고 막더라고요, 청소하는 사람들이 불법이라고. 그럴 때도 좀 속상했어요. 우리 애들도 합법적으로 죽은 건 아닌데, 어디서 법을 따지나 싶고. 근데 어떡해요, 법이 그렇다는데. 다시 나와서 그 앞에서 했어요. 그리고 웃긴 게, [사람들] 동선이 저희 앞으로 지나가도 되는데, 샛길이 있어요. 상가하고 그 길로 다 들어[돌아]가더라고요, 올 때는. 이거[유가족 피켓을] 보기 싫은 거죠. 그래서 오늘 [교육청 피케팅] 가는 사람들한테는 그 앞에 그 샛길에 서 있으라고 이야기를 했어요. 어제 처음으로 간 거거든요.

면담자　　　교육청에서요?

예진 엄마　　수원 교육청.

면담자　　　어머니가 되게 열심히 하시는 분이서서요. 처음 경기도 교육청을 가신 건지요?

예진 엄마　　아니요. 그게 아니라 피케팅은 여기저기 다 하는데 경기도 교육청은 처음 잡혔어요. 가족들은 '큰 성과를 얻었다' 이런 게 아니라, '저희는 아직도 이렇게 염원을 하고 있다' 이런 걸 보여주기 위해서. 내가 속상해서 "사람들이 많이 있지도 않은데" 그런 소리를 했더니, 가족들 중에서 "우리가 언제 처음부터 큰 걸 바랐냐? 꾸준히 가자" 이런 식으로 [이야기하셔서], 그런 마음으로 가는 거죠. 큰 바람 같은 건 이제 바라지 않아요. 그런데도 [사람들이] 별로 많이 있지 않고 [하니까 속상해요].

3
수학여행 준비

면담자　　　수학여행 준비 과정에서 기억나는 일이 있으세요?

예진 엄마　　　화요일 날 수학여행을 갔는데, 애가 그 전 주부터 후드 집업을 굉장히 사고 싶어 했는데, 카드를 주는 데도 애가 바빠서 살 시간이 없더라고요, 맨날 늦게 오니까. 그래서 일요일 날 가족들 다 같이 NC 백화점으로 쇼핑 겸 우리 딸 준비하는 거 살 겸 옷도 사주고 하러 왔는데, 십 몇만 원 돈 그게 뭐 비싸다고 안사는 거예요, 비싸다고. 그래서 "그러면 갔다 와서 사라, 그러면" [하고] 결국은 못 사고 그냥 왔는데, 그게 제일 가슴이 아팠어요. 어떤 거는 맘에 안 들어서, 마음에 들면 비싸고, 비싸봤자 십 몇만 원밖에 안 했거든요? 그런데 비싸다고 안사더라고요. "엄마, 갔다 와서 사겠다"고, 수련회[수학여행] 갔다 와서 사겠다고. 그거 못 해준 거? 그리고 차 안에서 또 동생하고 투덕거려서, 일방적이지만 제가 예진이한테 야단치고, 그런 게 좀 걸리고.

　　그리고 수학여행 가기 전날, 뮤지컬학원 다녔다고 그랬잖아요. 애가 뮤지컬학원을 다녔는데, 그때는 [수학여행] 준비해야 되기 때문에 안 가도 되거든요, 사실은. 근데 너무 아깝다고, 3일 동안 다른 사람들 [연습]하는데 자기는 연습 못 한다고 [학원에 갔어요]. 아이들끼리 모아서 간식, 과자 같은 걸 사서 다시 갔어요, 그 학원을. 그 과자가 부피 큰 게 있으니까 "그것 좀 갖다주라"고 하니까, 아빠가 (한숨) "애들끼리 다 할 수 있다"고 [해서] 못 해준 거.

　　그날 [연습] 끝나고 늦게 왔는데 안 들어오는 거예요, 애가. 차에서 내리는 거를, 저희는 여자애라서 항상 찻길에 내렸는데 분명히, [그런데] 안 들어와서 봤더니 다른 학교 다니는 친구한테 모자를 빌려온 거예요, 아이들은 멋 내잖아요. 다니면서 이 모자도 쓰고 저 모자도 쓰고 멋 내고 싶어서 빌려왔는데, 앉아서 계속 카톡[카카오톡]을 하더라고요. 나중에 알고 봤더니 자기네 단톡방[단체 카카오톡방]이 있는데, 다음 날 수학여행을 가니까 들떠가지고 "너는 뭐 가져가" 이런 걸 했더라고요. 그런데 나는 그거 모르고 "빨리 자라"고 "내일 어떻게 일어나려고 그러냐"고 약간 잔소리한 것[이 후회돼요].

면담자   일상의 투덕거림.

예진 엄마   그렇죠. 일상의 투덕거림….

면담자   다음 날 출발하고 이런 과정들은요.

예진 엄마   아침에도 잘 보냈는데 가는 날도 저녁에 회사에 가서…. 단원고등학교는, 다른 학교들도 그런가? 중학교 때는 안 그랬는데, 핸드폰을[문자를] 자유스럽게 수업 시간에도 보낼 수 있어요, 몰래 하지만. 애들 어디 보내면 불안하니까, 놀이터만 가도 불안하고 어디 가면은 항상 신경이 쓰이잖아요. 수학여행 가니까 더 신경이 쓰여서 이러쿵저러쿵 문자를 많이 했는데, 낮에는 예진이가 중간에 병원에 왔다 [갔다] 하더라고요. 그래서 "어디 아프냐?" 그러니까 아토피가 있는데 "좀 따끔거려서 미리 약을 처방받고 가겠다"고, 약, 병원에서 했다는[처방받았다는] 그런 내용.

그리고 가기 전에는 "사진 많이 찍어서 엄마한테도 보내줘" 그런 거, 그냥 평범한 거. 아빠는 "선물 사올 생각 말고 먹고 싶은 거

먹고 놀다 와라" 했는데, 저는 "아빠 것, ○○이 것 선물 사와라. 그게 사람 도리다" 그랬더니 "그러려고 했음" 이래요. 그런 내용. 아빠가 돈을 줬어요. 매일 제가 주는데 그날은 처음으로 아빠한테 "딸내미 수학여행 가는데 돈 좀 줘봐" 그랬더니 10만 원을 줬대요. 예진이한테 10만 원을 아빠가 찾아서 줬는데, 아빠 거 다 뺏어가는 것 같으니까 아빠 2만 원 다시 주고 8만 원만 가져갔대요. 그리고 또 2만 원을 놓고 갔더라고요. 갔다 와서 아이들하고 공부하기 전에, 열공[열심히 공부]하기 전에 롯데월드 간다고 2만 원 남겨놓고 6만 원을 가져간 거예요.

면담자   아이들답네요.

예진 엄마   애가 좀 그렇더라고요. 그럴 때는 솔직히 짜증 났어요, 없는 것처럼 할 때. 1000원, 2000원 아끼[려]고, 학교에서 학원 걸어가려면 꽤 걸어요, 꽤 멀어요. 버스를 [타고] 두 정거장 세 정거장인데 거기를 걸어간다는 거예요. 겨울에 친구하고, 예은이하고 같이 다녔거든요. 그때는 이제 예은이인지 몰랐죠. 친구랑 같이 걸어가는 줄 알았더니 친구는 버스를 타고 가고 자기는 걸어간대, 운동 삼아서 돈도 아낄 겸. 1000원이거든요(한숨). 그랬었어요. 그런 거는 좀 잔소리도 했고.

참사 당일 소식을 접하고 진도로 내려가기까지

면담자   전날 15일 날, '출발 한다, 안 한다'는 이야기도 들으셨는지요.

예진 엄마   많이 했어요. 예진이랑 문자도 하고 통화도 하고 굉장히 많이 했어요. 걔가 수학여행 가면서, 수업 끝나고 가면서 동영상으로 들떠서 보냈어요. 그래서 저도 회사에서 일하다 말고 영상이 안 보여서…. 저도 들뜨더라고, 아이가 너무 좋아하니까. 그래서 방[사무실]에 앉아서 해야 하는데 동영상이 안 돼서 "예진아, 끊고 전화로 해, 차라리" 그랬는데. 옆에서 애들 소리가 들리고 "지금 버슨데 엄마, 인천으로 가고 있다"고 그랬거든요. 저는 애가 큰애다 보니까 경험하지 못한 걸 하면은 저도 덩달아서 들뜨고 그랬거든요. 중학교 갈 때도 그랬고, 고등학교 갈 때도 그랬고. 그리고 또 첫 수학여행이니까 저도 덩달아서 막 그랬는데[들떴는데]. 일을 하는데, 인천 가서 [예진이가] 전화를 하는데 그때 6시 넘었나? "안개가 꼈으니까 아직 안 갔다"고 그러니까[그래서] "어떻게 될 것 같애?" 그러니까 "엄마, 안 갈 삘이야" 이러면서 "짜증 나 죽겠다"고, "엄마, 배고파 죽겠다"고, "차라리 집에 갔으면 좋겠다"고 이런 식으로 말을 했어요, 전화로.

그래서 내가 전화 끊고 나서 그걸 봤죠. 여객터미널을 찍어서 [검색해서] 인터넷으로 봤더니, 13시간 30분을 가고, 세월호라는 소리를[소리가], 기억이 나더라고요, 그다음 날. 머릿속에 박히지는 않았는데, 그다음 날 이사님이 "세월호라는데?" 하는데 벌써 "예?", 그날 출항하는 게 세월호[라는 거를] 여객터미널 검색을 하면서 잠깐 스치다 본 것 같애요. 그래 놓고 [저녁] 7시 몇 분인가 문자도 했는데, "어떻게 가기로 했어?" 그러니까 "일단은 엄마, 밥 먹으려고 그런다"고 밥 먹는 사진을, 식판 사진을 찍어 보냈더라고요. 그래서 '밥을 먹고 오나' 그랬죠. 그리고 오다가 [저녁] 8시 30분이 됐나? 조금 안 됐나? 퇴근하는데 운전 중이라 전화를 못 받고 신호대기 중에 길에서 전화를 했더니, 그때부터 목소리가 방방 떴어요. "엄마, 지금 간다"고 그래서 집에 오는 줄 알고 "어머, 잘됐네. 엄마하고 시간이 맞을 것 같다. 집에서 엄마하고 같이 밥 먹자" 그랬거든요. "아니야, 엄마. 배 타러 간다"고 그러면서, 내가 "낮에도, 초저녁에도 안개 껴서 못 간다는데", 제 상식으로는 밤이 깊어지면 안개는 더 끼는 걸로 알고 있거든요, 그렇다는데 "안개가 더 낄 텐데 못 간다 [했는데 어떻게 가?" 그랬더니 "몰라, 엄마. 해경이 가라 그랬대" 그러면서 "조심해서 잘 갔다 오라"고, 그렇게 끊은 게 다거든요.

저녁에 노는 데 방해될까 봐 11시쯤 됐나, 넘어서 "몇 시에 출발했어?" 그러니까 "9시" 그리고 "지금 자려고 하는 중" 그래서 "잘 자"라고 했는데. 그다음 날 6시 57분 문자로 "엄마, 출근 준비하지? 우리 밥 먹으려고 하는 중" 그래서 "응. 벌써? 맛있게 먹고" 그랬더니 "엄마도 힘!" 이러고 보냈어요. 제가 몇 분 뒤에 봤어요, 바쁘니까. 그냥 하트만 세 개 찍어서 보내고, 그게 마지막 연락을 한 거죠. 아, 침몰하기 직전에 한 번 통화를 했구나…. 그렇게 출근을 했는데 라디오에서는 계속 "안개"[라고] 그러니까 신경은 쓰였는데 상상도 못 했죠.

면담자   계속 라디오로 일기예보를 들으셨던 거예요?

예진 엄마   라디오에서, 아침 프로에는 날씨가 계속 나오잖아요. 근데 그때는, "안개", 모르겠어요. 그쪽이 계속 신경이 쓰였는지 몰라도 그게 계속 귀에 들어오더라고요, "안개". 아침에 계속 안개 이렇게 하고, 그래서 그치겠지 그랬는데 안개가 이유도 아니었잖아요 사실은, 그죠? 안개가 사실은 원인도 아니었고. 출근해서도 시간을 보면서 13시간 30분이 걸리니까 9시 출발했으면 10시 반쯤에 도착하더라고요, 제 생각으로도. 그래서 '문자를 해볼까, 전화를 해볼까' 하다가 '도착하면 해봐야지, 도착할 때쯤 되면 해봐야지' 그랬는데.

그러기 전에 이사님이, 어제[그 전날] 통화하고 할 때 옆에 계셨거든요. 그러니까 이사님이 9시 30분, 40분 이때쯤에 와서 "혹시 유신 씨 딸 수학여행 어제 간다고 하지 않았냐?" 그래 가지고 "예, 좀 있으면 도착할 거예요" 그러니까, 저는 진도 거쳐 가는지 몰랐어요. 가면 가나 보다 했지 항로는 모르잖아요. 애써 안심시키려고 "아닐 텐데, 아닐 텐데. 혹시나 모르니까 한번 인터넷 들어가 봐"라고, "세월호라는데, 수학여행 가는 배가 침몰하고 있다 하더라"고 [하시는 거예요]. 그때부터 다리가 풀려서…. 세월호가 귀에 익고 그래서 나와서 봤더니 항상 떠 있는 배가 기울어진 장면, 그게 있고 "제주도로 수학여행 가던 단원고" 딱 기사가 뜬 거예요.

전화를, 예진이한테 했죠. 그랬더니 안 받아요, 같이 통화 중이 걸리더라고요. 조금 있다가 다시 걸었더니 44분[에] 정확히 예진이가 전화를 받아요. 근데 그때도 크게 당황도 안 하더라고요. 저만 막 당황해서 "어떻게 된 일이냐?"고 "지금 어떤 상황이냐? 예진아, 지금 무슨 상황이냐?" 그랬더니 "엄마, 지금 배가 몇 도 기울었대" 그래요. "너는 지금 무슨 상태야? 어떻게 하고 있어?" 그랬더니, 구명조끼 입고 위에는 헬기가 떠 있고 구조 대기 중이라고 그러는 거예요. 저는 헬기가 뜨고 구명조끼를 입었다니까 배 밖에 있는 줄 알았어요. 물어볼걸, 어디냐고 물어볼걸, 그걸 못 물어봐 갖고, 밖에 갑판에 있는 줄 알고. 옛날에 뭐 보면은 헬기 뜨면 자기 위치 알 리라고 뭐 흔들잖아요. 그래서 저도 "뭐 가진 거 있으면 흔들어라" 그렇게 이야기를 했어요. 그런데 나중에 알고 봤더니 배 있는 위에 선미더라고요. 우리 애들이 [배] 안에 있는 창으로 보이는[본] 거예요, 창으로. 창으로 보였던 거를 나는 밖에서 보인[본] 거로 잘못 알아들은 거죠.

우리 예진이가, 나는 [걱정돼서] "어떡하면 좋냐"고 "예진아, 당황하지 말아"라고 그랬는데, "엄마, 다 구조될 거니까, 기다려야 되니까, 엄마 걱정하지 말아"라고, 우리 애는 [오히려 저를] 안심시키더라고요, 저는 다리가 풀려서 앉았다 일어났다 이러고 있는데. "예진아, 정신 똑바로 차리고 선생님들 말씀 듣고 혼자 개인행동하지 말아"라고 그랬어요. "침착하라"고, "침착하라"고 [했더니], "알겠다"고 [했어요]. [전화를] 끊고 보니까 애도 내가 처음에 같이 통화 중 걸렸을 때 전화가 왔었어요[왔더라고요]. 신호가 그랬던 거예요. 그래서 어떻게 있을 수가 있어요? 어디든지 가야 될 것 같아서 나오는데, 학교든 어디든 가보려고 나오는데, 모르는 [번호로] 전화가 와서 받았더니 MBC '여성시대'라고 그래요, '여성시대' 작가라고. "혹시 세월호 침몰하는 배에 자녀분이 탔냐?" 그래서 "저희 예진이가 지금 그 배 안에 있다"고 했더니], "혹시 통화해 봐도 되겠느냐?" [해서] "하셔라" [했어요].

그러고 인제 나오는데 10분쯤 지났을 거예요, 우리 예진이하고 통화한 지. [9시] 54분[에] 예진이가 전화가 왔어요. 그래서 아무 데나 차 세우고 받았더니, 그때는 막 울더라고 예진이가. 그때는 막 울면서 "엄마, 나 전화기도 들고 있으니까 나와서 꼭 전화할 거고, 엄마 꼭 집에 갈 거야"라고 [하면서] "엄마, 나 꼭 집에 갈 거예요" [하는 거예요]. 그래서 내가 화가 나서 "당연히 와야지, 당연히 와야지, 무슨 소리냐? 정신 똑바로 차려라"고 그랬더니, 전화기 저편에서 애들 함성 소리가 들리더라고요. 기울어지는지 뭐 하는지 "와아~" 이러는 소리 있죠? 시끄러운 소리가 들리니까 우리 예진이가 전화기[를] 미처 내리지 못하고 "왜? 왜?" 이러면서 전화가 끊긴 거예요. 끊겨서 미치겠으니까, 라디오는 계속 틀면서 가고 있었죠.

그날은, 원래 시간마다 MBC 라디오가 뉴스를 5분씩 하잖아요. 그런데 뉴스 안 하고 속보가 계속 나오는데 양희은 씨가 "지금 그

세월호 안에, 침몰해 있는 배 안에 탑승해 있는 여학생하고 전화 연결이 됐다"고 "전화해 보겠다"고 그러는 거예요. 그래서 혹시 '우리 예진인가? '여성시대'에서 [전화가] 왔었으니까 [하고 생각하고 있는데] "2학년 3반 정예진 학생?" 그러니까 우리 예진이가 "네, 여보세요, 여보세요?" 딱 두 번을 해요. "네, 여보세요? 정예진 학생" 그러니까 이제 전화가 안 되고 끊긴 거죠. 그러니까 양희은이 "다시 연결되면 연결해 보겠다"고 그러고 그게 끝이었어요.

우리 예진이가 선배하고는 통화를 했더라고요. 나중에 빈소 찾아왔는데, 좋아하는 선배가 왔는데, 울면서 통화를 한 거를 어떻게 그 선배가 녹음을 해났더라고요. 그래서 그거를 저한테 줬어요. 울면서 통화하는 내용이 글쎄요, "여기 보이던 애가 안 보여요. 어디 갔는지 모르겠어요" 이런 소리 하고, 그 선배는 "예진아, 지금 다 구조할 거니까 침착하게", "네, 네" 이러면서 계속 울더라고요. 그 선배한테 시간을 물어봤어요, 그때가 언제쯤이었냐고. 정확히 기억은 안 나는데 10시 십 몇 분인 것 같다고 그러더라고요. 그러고 나서는 아이 목소리도 못 듣고.

면담자   차를 몰고 어디로 가셨어요?

예진 엄마   일단 나와서 예진 아빠한테 "예진 아빠, 나 어떻게 해야 되냐, 지금 어디를 가야 될 지도 모르겠다. 우리 가서, 배 침몰하는데 거길 가서 우리 애를 데려와야 되는 것 아니냐?" 그랬더니 일단은 학교로 가라고, 일단은 [그러더라고요]. 예진 아빠도 출장을 천안으로 가 있었거든요. 예진 아빠도 계속 학교에 전화한다고 하면서, 일단 학교에 가보라고 그래서 학교에 갔더니 10시가 넘었죠. 그때 당황하니까 가는 길도 까먹고, 안산에서 20년 넘게 살았는데요, 화랑 유원지에서만 몇 바퀴를 돌았나 몰라요. 길이 안 보이는 거예요.

그래서 한 11시 조금 안됐을 때 도착을 했는데, 그때는 벌써 방송국 차량들, 엄마들[이 많이 와 있었어요]. 교실 2층인가 3층에 처음 갔었는데 막 울고 다 난리가 났더라고요. 여기저기서 전화는, 모르는 전화 엄청 많이 오고, 다 안 받고 있는데, 그때 승현이 아버지일 거예요, 지금 생각하니까. 땀을 뻘뻘 흘리면서 "내가 이런 배 일을 많이 해봤는데, 저렇게 큰 배는 빨리 침몰하지 않는다. 걱정을 하지 마시라, 어머님들" 이러니까, "당신, 뭔데 그러냐?"고 "뭘 안다고 그러냐?"고 그러니까, "나도 여기 학생 아버지다"라고 그러니까 목소리가 작아지더라고요.

선생님들도, 단원고 선생님들이 나와서 설명하고 하는데 그게 귀에 들어오겠어요, 엄마들이? 그 배만 보이고. 강당으로 옮겼는데 조금 지나서 "단원고등학교 전원 구조"됐다고 나오는 거예요. 그래서 일단 좋아서 다 울었죠. 좋아서 울었는데, 우리 가족 중 아버지 한 명이 "말도 안 된다, 이거 어디서 나온 소리냐. 금방까지 그 많은 애들이 배 안에 있었는데 어떻게 몇 분 만에 전원이 다 구조될 수가 있냐? 거짓말 아니냐? 우리가 가서 확인을 해야 되겠다"[고 했어요]. 시 관계자들 와 있었을 거예요. "빨리 차 대서 해라. 우리 가

예진 엄마 박유신

봐야지 안 되겠다. 직접 확인 해야지 안 되겠다" 그래서 버스가 오면서 가게 된 거에요.

그리고 강당에 있으면서는 생존자 아이들이 엄마한테 전화하고 그랬었어요, "거기 누구누구 있어?" 이러면서. 그러니까 기억을 못 하니까 "어, 누구?" [하고] 한 명씩 부르고 하면, 자기 애들이 부르면 좋아 갖고, 그래도 살은[산] 애가 전화가 온 거니까. "산 애들은 다 병원으로 가고 있다"는 이런 소리를 한 것 같았는데, 아무튼 그 아빠가 믿을 수 없다고 해서 12시쯤 돼서 차가 한 대, 두 대 와서 관광차 타고 간 것 같애요. 저도 애들 고모나 이모나 전화 오는데 안 받다가 "전원 구조됐다"는 소리 듣고 고모가 전화해서 "올케 지금 어딨냐?"고 그래서 "예진이 데리러 간다"고 그러니까 울면서 "살았다니 다행"이라고 구조됐다니까. "형님들 근데 내가 눈으로 보기 전 까지는 안심이 안 돼요, 제가 지금 그래서 진도로 가고 있다"고, "가서 전화하겠다"고 그러면서 갔어요.

그러면서 가는데 왜 그렇게 많이 서는지, 차가 세 대가 같이 가야 된다는 둥, 길을 몰라서 못 간다는 둥, 톨게이트에서도 서고 엄청 그랬던 것 같애요. 엄청 지체를 많이 했어요. 그리고 가는 버스 안에서 누구한테 전화 왔는지는 모르겠는데 생존자 명단을 불러주는 그런 전화에요. 그래서 엄마들이 자기 아이 이름 확인하려고 순서를 기다려서 하는데, 저도 제 순서가 돼서 전화를 받으면서 "2학년 3반 정예진"이라고 그랬더니, 현장 같은 분위기 있죠? 느낌에 현장 같은 분위기. "2학년 3반 정예진"이라고 그랬더니 "누구라고

67
•
2회차

요?" [하고] 또 물어요. "2학년 3반 정예진이요" 그러니까 "잠깐만 기다려 보세요" 그러더니 막 찾는 것 같은. "어, 정예진이라 그래, 정예진", "생존자 명단에 있습니다. 살았습니다" 그러더라고요. 그래서 저는 그걸 진짜 믿었어요. 분위기가 현장 분위기였고 핸드폰은 밧데리[배터리]는 다 나가고 그날따라 없고, 그때는 조금 안심되면서 가는데 그래도 예진이가 나왔으면 전화를 할 애인데, 지 전화기가 물에 빠졌어도 애가 성격상 누구 거라도 빌려서, 모르는 사람 거라도 빌려서 전화할 애인데 전화가 안 오니까 그건 좀 불안했지만 그래도 살았으니까 그러면서….

면담자   통화해서 생존자 명단 확인해 준 분이 누군지요?

예진 엄마   모르겠어요, 남자였거든요.

면담자   처음에 어떻게 전화가 연결된 거예요?

예진 엄마   그게 어떻게 왔는지 모르는데 같은 버스 안에서 누가 "네, 누구요" [하고] 자기 아이 이름을 말을 하는 거예요. 그랬더니 주변에서 뭐냐고 그랬더니 생존자 아이들 명단 불러주는 거라고 그러니까, 다들 엄마, 아빠들이니까 "그럼 나도 해보겠다"고 "우리 애도 확인해 보겠다"고 그래. 저한테 어떻게 왔는지는 모르겠어요. 그때 같이 탔던 엄마가 지금 생각해 보면은 6반에 재능이 엄마, 그 엄마밖에 생각이 안 나고 다른 사람들은 그 차에 있었는지 없었는지도 모르겠어요. 얼굴이 기억나는 건 우리 재능이 엄마밖에.

예진 엄마 박유신

면담자   아무래도 아이 걱정으로 다른 것을 신경 쓸 정신이 없으실 수 있죠.

예진 엄마   그 엄마는 별나게 얼굴이 하얘 갖고 기억이 나고. 이름, 생존자 명단 불러준다고 할 때, 생존자 명단에도 없던 사람들이 있었어요. 그러니까 그런 사람들이 화를 내면서 "좋아하지 말라"고, "내 새끼 지금 어떻게 될지 모르니까 좋아하지 말라"고 버스에서도 그러면서 내려갔었어요, 답답하니까. 가면서 생각은 했어요, 체육관으로 간다니까. 먼저 통화한 아이, 제 앞에 있던 사람은 엄마하고 누난데 태블릿 PC 같은 이만한 핸드폰으로 아들하고 계속 통화하면서 가더라고요. 살은[산] 애죠, 걔는 생존자. 그런데 다리 삐었다고 그걸 걱정하는 거예요, "어떻게 하나, 많이 아퍼?" [하면서]. 해남 무슨 병원에 있다고 그러면서, 나는 너무너무 부러운데 다리 삐었다고 걱정하니까. 그 사람도 해남에서 먼저 내려주고 체육관으로 간다고 갔는데….

저는 아이들이 다 구조돼서 거기 나와서 찾기 힘들 줄 알고 정말 그런 생각을 하고 갔어요. 그래서 내리자마자 예진이를 부르면서 체육관으로 뛰어 들어갔더니 없는 거예요, 애들이. 애들이 없고, 몇몇 애들이, 체육관에서 담요 쓰고 나오는 몇 명만 [있었어요]. 저는 어디 있을 줄 알았거든요. 없더라고요, 너무 휑했어요. 버스에서 내린 엄마들, 부모들만 많았고, 아이들은 몇 명 없었어요.

면담자   그때 시간이 몇 시였어요?

69

2회차

예진 엄마　　　5시는 넘은 것 같고 6시 됐나? 해는 완전히 떨어지기 직전이었거든요. 시간을 잘 모르겠어요.

면담자　　　혼자 내려가시고 아버님은 나중에 따로 가셨나요?

예진 엄마　　　예진 아빠도 천안에 있으면서 "나도 가겠다"고 그래서 오지 마라고, "내가 예진이 데려 올 테니까, 나 혼자 갔다 올 테니까 예진 아빠 있으라"고 그러면서, 차는 학교에다 세워놓고 가방도 안 들고 체크카드 하나 들고 갔어요, 옷 젖으면 새로 입혀 오려고. 예진 아빠는 안 온 상태에서 진도 내려가니까[내려갔는데] 상황이 그게 아닌 거예요. "예진 아빠, 여기 상황이 이런데 자기도 와야 될 거 같애". 그래서, 저녁 늦게였으니까 16일 날은 안산에 있다가 17일 날 작은애 데리고, 학교에 가서 말을 하고, 작은애 데리고 내려오는 버스 타고 내려왔던 거죠.

5
진도의 경험

면담자　　　처음에 체육관에 도착한 건가요?

예진 엄마　　　체육관에, 체육관으로 갔어요.

면담자　　　가서 브리핑해 주거나 기억에 남는 일이 있으세요?

예진 엄마　　　처음에는 브리핑 같은 거 없었어요. 브리핑도 없었고, 벽면에 손 글씨로 생존자 명단 쓰여 있고, 쓰다가 찍찍 그은 것도 있고 괄호 치고 안 쓰여 있는 것도 있고 굉장히 많았는데, 예진이 비슷한 이름이 되게 많은 거예요. "A" 몇 반인지 몰라서 물음표 "B"(한숨). 어디 병원에도 있었으면 무슨 병원 다 써놨으니까, [근데] 없더라고요. 위에서부터 다시 찾아봐도 없고, 정예진이 없는 거야, 비슷한 건 있는데. 체육관 밖에도 써 붙여 있는데 거기에도 똑같이.

핸드폰이 다 됐기 때문에 그 SK 서비스 차가 "충전", 이런 차가 와 있었어요. 그래서 거기 들어갔더니 배에서 생존해 나온 분, 어른이 기브스를 하고 무용담 이야기하듯이 이야기하더라고요. 그래서 제가 거기에서 '우리 그 배 탔던 애다'라고는 말은 안 하고 서비스하면서[서비스받으며] 들었죠. 그러면서 상황을 이야기했죠. "배가 어땠냐, 저땠냐" 물어봤더니, "지금 산 사람들 없을 거라"고, "그 상황에서 어떻게 사냐?"고 "나도 마지막에 나왔는데", 이런 소리 하니까 미치겠더라고요. 진짜 그 입을 어떻게 하고 싶더라고요. 우리는 살아 있을 거라고 어떻게 좀 해줬으면 하는데 지금 살아 있을 사람 아무도 없을 거라고, 나온 사람 말고는 살기는 힘들다고 이런 이야기를 하니까, 너무 속상해서 핸드폰을 맡겨놓고 나왔는데….

아빠들 난리 났죠. "왜 손 놓고 있냐, 빨리 그 완전, 배 가라앉기 전에 어떻게 해야 하지 않냐?" [하고] 아빠들이 난리 치니까 그 얼굴까만 분인데, 처음에 나왔던 분 있어요. 그분이 "물살이 세서 접근을 못 한다" 여러 가지 핑계만 대고 그러니까 아빠들이 "개새끼들아, 지금 물살이 문제냐, 애들이 다 거기 있는데 한 명이라도 꺼내야 되지 않냐, 구조해야 되지 않냐, 애들 지금 살았을 거다" 그래도 이 핑계 저 핑계 다 대고.

그래서 아무튼 그날도 몸싸움이 많이 있었죠, 안 해주니까. 그래서 "안 되겠다"고 "우리 팽목으로 가자"고 그랬더니, 그것도 한참 지나서 어두운 저녁에 "가실 분 있으면 차를 배차할 테니까 가라" [더라구요]. 저는 팽목도 가까운 줄 알았어요. 근데 차를 타고, 그때는 한 시간도 넘는 거 같았어, 생각에. 한 20분, 30분 되는 거린데 길도 왜 이렇게 험한지. 그러고 갔는데 비가 오더라고요. 그런데 "조명탄 터트렸다" 해봤자 한 번씩 빛만 깜짝 한 번 하고 말고, 저 멀리서 보일 듯 말 듯 그렇게 하면서, 배 들락날락하는 데를 뭐라 그래요? 거기 앉아 갖고 바다만 보고 대합실에 왔다 갔다, 그냥 뜬눈으로, 그날 비 맞으면서 울면서 보냈던 것 같아요.

그다음 날부터는 중간중간 브리핑을 하는 건 아니고, 아빠들이 다 몰려가서 이야기하면 몇 가지 설명해 주는 정도[였어요]. 가까이 갈 수가 없었어요, 아빠들 많이 홍분해 있으니까. 엄마, 아빠들 다 홍분해 있잖아요. 나는 그렇게는 못 하고, 미치겠어서, 그냥 미치겠어서 막 울기만 하고 그랬던 것 같아요, 그날. 그러고 나서 1시쯤 내가 팽목에 있는데, 1시쯤인가? 아무튼 그런 다음에 17일 날 아빠하고 ○○이하고 내려왔죠. 저는 ○○이가 있기 때문에 체육관에 있으면서, 예진 아빠는 팽목, 체육관 왔다 갔다 하면서 아이들 확인하고 보건소 왔다 갔다 하고. 우리 ○○이가 정신 나간 애처럼 그냥 멍한 것도 아니고 미치기 직전? 이런 모습? 애가 자꾸 그러더

72

예진 엄마 박유신

라고요. 그래서 무서워서….

저는 아침에 17일 날, 침몰 현장에 가봐야 되겠다고 그래서 17일 날 배를 타고 들어갔어요. 막 눈보라[가] 치더라고요. 그날 갔는데, 그 근처까지 안 갔다가[갔는데], 가다가 "돌아 나온다" 그래요. 선장이 물살이 거세서 안 된다고 그러니까, 저희 학부모 중에서 "개새끼들아, 가라고, 아니면 나 빠지겠다"고 그래서 끝에서 생쇼를 했죠. 그러니까 이제 간다고 갔는데 멀리서 보이게, 가까이는 못 가니까, 멀리서 보이게. 완전 침몰 직전까지 간 끝에 부분 있죠? 배 끝에 파란 부분, 거기만 살짝만 나와 있더라고요. 보니까 그건 보이더라고요. 그거 보고 미치죠, '저 안에 내 새끼 있다' 생각하니까 미치겠더라고요. 그래서 다시 나와서 우리 아들 오고, 그다음 날 우리 ○○이가 가보고 싶다고, 누나 있는데 가보고 싶다고 그래서 그거보다 조금 작은 배를 타고 어른들이 갔어요. 엄마, 아빠들이, 우리 아들도 가고. 근데 우리 아들이 그다음부터 계속 정신 나간 사람처럼 있어서 무서워서, 진도에 내려와서 [안산으로] 올라가는 편에 일요일 날? 월요일 날 올려 보냈어요.

그런데 다음 날 우리 예진이가 와서 현장에 있는 시간은 거의 없었죠. 웃긴 게 그날 배 침몰하는 날, 16일 날 그리고 17일 날부터 지인들, 친척들 오잖아요. 근데 옆에 있는 사람이 지인이 와서 그날부터 배·보상 이야기를 해요, 그날부터. 저는 그것도, 기분도 안 나빴어요, 왜냐면 관심도 없었으니까. 오로지 예진이한테만 신경이 쓰였으니까, 기분 나쁜 건지 뭔지도 몰랐잖아요. 지금 와서 생각하면 '세상에, 애들, 사람이 죽었는지 모르는데 어떻게 저런 소리를 할 수 있었을까'. 그때 당시에 그걸 알았으면 가만히 안 있었겠죠. "원래 이런 참사가 나면 나라에서 정해지는 금액이 있어" 이러면서 했던 것 같아요. 내려가서 저는 회사 직원이었던 언니를 보고, 그 언니도 우리 예진이 같은 반 아이 엄마였던 거예요. 체육관에서 [만난 거예요].

면담자   체육관에서 기억에 남는 일은요.

예진 엄마   많았어요. 그때 유가족 행세를 하는 사람들이 되게 많았어요. 단상에 올라가서, 우리는 10반까지만 있는데 "11반 누구 엄마는…", "누구 아빤데…" 그러니까, 학교 안 가는 사람들은 11반 있는지, 특히 아빠들은 잘 몰라요. 자기 아이가 몇 반이었는지도 모르는 아빠들도 많이 있더라고요. 그러니까 11반 있는 줄 알았죠. 그렇게 말을 하면 엄마들은 그래도 아니까, 그래도 학교 활동하는 엄마들이 "무슨 단원고가 11반까지 있냐, 당신 누구냐?" 그랬더니 그 사람도 가족이 아닌 거예요.

또 체육관 바닥에 말고 그 위에서 유가족인 것처럼 욕을 하고, 해경들 욕을 하고 더 오버[과장]해서 난리 치는 사람들이 있으니까 우리 가족들 중에서, 지금은 [지금 보니 이분은] 가족이었어요, "당신, 거기 가만있어라. 너, 가족 맞냐?" 그랬더니 "가족 맞대", 그래서 "가[만히] 있으라"고 그래서 [도망가는 그 사람을 확인하려고] 뛰쳐나가서 봤더니 가족도 아닌 거예요. 유가족 행세를 해가면서 분위기를 험하게 만들고 이런[이러는] 사람들이 굉장히 많았어요. 그리고 전화기 도청하는 사람들도 많이 있었고, 분위기 같은 거. 그래서 우리 가족 중에서 한 명이 뺏어서 "누구냐?" 그랬더니 말도 제대로 못 했던 것 같애요. 그러면서 핸드폰을 "스피커폰으로 해놓고 통화를 해봐라" [해서] 통화했는데 이상한 데서 전화가 왔고, 그런 데가 굉장히 많았어요.

면담자 　이상한 데라면?

예진 엄마 　지금 생각하면 국정원 이런 데 같았어요. 그때는 주변에 다 가족이고 그런 줄만 알았죠, 우리가 안 겪어봤으니까. 한참 지나고 나니까 이상하게 자꾸 그렇고, 가족 한 명당 몇 명씩 붙었었대요. 정보과 이런 사람들이 엄청 많이 붙었었다 하더라고요. 가만히 생각해 보니까 팽목에서도 제가 첫날, 16일 날 가서 바다만 보고 울고 그러고 있는데, 옆에 어떤 아저씨가 "학부모예요?" 그래서 "네, 학부모예요" 그러니까 이것저것 사소한 거 물어봤던 그런 기억이 있는데, 몇 가지는 대답하다가 짜증 나더라고요. 내가 그런 걸 의심해서 짜증 나는 게 아니라, 지금 우리 예진이는 저기 있는데 그 사람하고 이야기하고 있다는 자체가 짜증 나서 몇 마디 하다가 대화를 안 해버렸거든요. 그런 게 몇 번 있었어요.

면담자 　주로 어떤 걸 물어봤어요?

예진 엄마 　"몇 시쯤에 통화를 했냐, 애하고" 그런 이야기, "애가 큰애냐, 작은애냐" 이런 사소한 거 물어보니까 의심 같은 건 안 했죠, 17일 날도 그렇고. [그리고 사람들이] "세영이가 배 안에서 카톡을 보내온다"[고 하면서] "우리 여기 오락실에 있는데, 우리 여기 몇 명 살아 있다", "우리 좀 구해줘라" 이런 카톡이 왔다고 그랬었어요. 애들 이름이 쭉쭉 올라가는데 그 생존자 명단에 우리 예진이가 있는 거예요. 예진이도 [있고] 누가 있고 누가 있고 그렇게 쭉쭉 그랬다는데, 결론은 쇼라고 했지만 우리는 그것조차도 믿고 싶은 거죠. 살아 있으니까 어떻게 좀 살릴 수 있을 것 같은데.

그러다가 3일, 4일 지나니까 마음으로는 살았으면 하지만 현실적으로는 나쁜 생각이 들잖아요. 사실 그래서 처음에는 살아만 왔으면은 좋겠[다고] [생각했어요]. 밤에 조용할 때 아이들 한 명씩 나오면 막 웅성웅성 해갖고, 살아서 오는 애가 아니니까 울면서 가족들이 빠져나가기 시작했는데, 그때는 이름 불렀을까 봐[불릴까 봐] 겁났거든요. 우리 예진이 이름 불릴까 봐 겁났는데 조금씩 지나니까 못 찾을까 봐 겁나더라고요. 다들 그런 말을 했거든요, 일주일이 돼가면서 "마지막에 남으면 어떻게 하나", "애 못 찾으면 어떻게 하나" 이런 말들을 많이 했죠. 좀 지나면서는 "차라리 빨리 이름이라도 불렀으면 좋겠다", 못 찾을까 봐 다들 그랬죠.

생각이 안 나더라고요. 예진이가 여긴가 여기[오른쪽인가 왼쪽에] 살짝 작은 게[이빨 치료한 부분이] 하나 있는데, 그게 오른쪽에 있는지 왼쪽에 있는지 기억도 잘 안 나고. 가기 전에 이를 치료를 했거든요. 이 치료해서 저한테 "엄마, 이렇게 이 치료했어" 그러면서 입을 벌려갖고 보여주고 했거든요. 근데 그게 오른쪽인지 왼쪽인

예진 엄마 박유신

지 기억이 안 나는 거예요. 혹시라도, 그런 상황까지 가면 안 되는데 모습을 알아볼 수 없으면 그런 거로 다 확인을 하니까, 그것도 생각이 안 나서 걱정하고. 나중에 치과에다 전화해서 물어보니까…. 그래도 그렇게까지는 상황이 안 가서 얼굴을 알아볼 수 있었지만, 아무튼 엄마들이 다 그랬어요.

면담자   예진이를 찾기 전에 진도대교로 행진해서 갔던 일이 있었잖아요?

예진 엄마   저는 가다가 돌아왔어요.

면담자   그때 이야기를 해주세요.

예진 엄마   (한숨) 그날 뭐 때문에 청와대로 간다고 갔는데. 아무튼 그래서 국무총리? 국무총리도 와서 버스에서 내리는 걸 못 내리게 했고, 이주영? 그분도 왔던 것 같고. 왜 청와대를 갈려고 했는지, 그때는 이유가 있었는데 지금은 기억이 잘 안 나거든요. 진도대교를, 청와대를 간다고 가는데 경찰들이, 지금 청와대, 여기 광화문처럼은 아니지만 경찰들이 싹 모이니까 무섭죠. 엄마들이 그런 걸 경험을 해봤어요? 그런데도 간다고. 그리고 학생들, 어디에서 온 학생들이 "어머님들 가만히 계시면 안 된다"고, "아버님들 가만히 계시면 안 된다"고 구호 외치면서 체육관에 내려와서 큰 길 올라가기 직전까지 갔는데, 거기서부터 경찰들이 못 가게 하고 대로변에 갔는데 차들이 못 가니까 빵빵 울리고 난리가 났고. 거기서도 경찰들하고 실갱이를 하다가 저는 짜증이 나서 체육관으로 와버렸어요. 그냥 와버렸는데, 지현이 엄마는 그 아픈 다리로 진도대교까지 갔다가 아침에 와갖고, 나는 미안해 갖고 중간에 왔다는 소리도 못 하고….

면담자　　왜 짜증이 나셨어요?

예진 엄마　　아니, 가족들한테도 짜증이 났어요. 가족들도 의견들도 분분하고. "가자, 가자"는 사람도 있고 "가면 뭐 하냐?"는 사람도 있고, 경찰들도 막고 이러니까 모든 게 짜증이 났어요. 가족들이 다 한마음이었으면 좋겠는데 그때도 벌써 마음들이 틀리니까[다르니까], 사람들이니까, 모르는 사람들[이] 만났으니까. "가면 뭐해?" 하고 어떤 사람은 "가야지" 하고 어떤 사람은 도로 점령하고, 어떤 사람들은 "저 차 가지고 다니는 사람들은 무슨 죄가 있냐, 빼라"고 그런 거. 죽도 밥도 안 되는 상황들이니까 그런 것도 짜증이 나서 거기까지 갔다가 씩씩거리고 왔죠, 저는. 그랬어요.

6
예진이 찾은 날

면담자　　아버님은 주로 팽목이랑 진도 왔다 갔다 하셨어요?

예진 엄마　　거의 팽목에 있었어요.

면담자　　아버님이 전해주는 이야기들이 있었어요?

예진 엄마　　　　전해주는 이야기는 "우리 예진이 없다" 이거였죠. 그리고 브리핑 같은 거 하는 거 얘기를 해주고, 아빠들이 무슨 제안을 하는 거 있잖아요, "이런 식으로 해서 아이들을 수색을 하면 되지 않냐" 이런 내용. 그때 당시에 "파이프 큰 거를 넣어서 거기로 들어가서 아이를 수색을 하면 되지 않냐" [하는 제안이 있었는데] 자꾸 안 된다는 핑계만 대고 그러니까. 그렇게 난리 칠 때만 애들이 한 번에 나오고 이랬으니까, 가만히 있으면은 아이들이 안 나오더라고요, 그때 애들이 돌아올 땐데. 아빠들이고 엄마들이고 난리 난리 치면 그다음 날 애들이 20명씩 나오고, 그게 너무 웃긴 거예요. 그리고 꼭 밤에만 오고, 밤에 찾았다고. 아침에 뜨면 오후에 데리고 오고 이런 형식이었어요.

우리 예진이도, 21일 날 3반 애들이 많이 나왔어요. 그래서 분명히 같이 있을 거 같아서, 예진이하고 비슷한 애가 나왔길래 갔더니 빛나라 엄마가 자기네 아이 같다고 [하셔서], "그래, 그러면은 우리 같이 보자" 그랬더니 마지막에 팔찌를 했다 하더라고요, 이니셜 팔찌를 한 거 보니까 우리 예진이는 아니고. 근데 그날 21일 날 3반 애들이 많이 나오니까 밤에, 우리 예진이도 꼭 나올 것 같아서. 그때 장례식장이 안산에 없었으니까, 많이 부족했거든요. 그래서 "며칠을 기다려야 된다", "시외로 가야 된다" 별소리가 다 있어서 예진 아빠한테 "예진 아빠, 나는 예진이가 나올 것 같다, 금방. 그러니까 장례식장에 아무데나 예약을 해놓자"[고 했어요], 없을까 봐. 그래 가지고 겨우 애 나오기 전에 벌써 장례식장은 예약은 해놨어요, 한 사랑 병원에.

　그러고 나서 22일 날, 팽목이랑 진도 왔다 갔다 할 땐데 팽목 갔다가 완전히 짐을 싸서 "예진 아빠, 오자" 그래서 체육관으로 다시 왔는데, 화면에 "정예진 학생증을 걸고 나왔다"고 화면에 뜨더라고요. 그래서 울면서 팽목으로 다시 왔는데, 거기서도 한참을 기다렸어요. 아침에 떴는데 오후 1시 이때쯤 아이들이 왔어요. 한꺼번에 왔는데, 그 와중에도 브리핑을 하는데, 학생증을 걸고 온 애가 101번이었거든요. 근데 100번 아이를 브리핑을 하는데 우리 예진인 거예요. 101번은 우리 예진이 학생증을 걸었다고 하는데, 단발머리에 키 이야기 하고 너무 우리 예진이 같아서 "101번도 브리핑을 해달라"고 그랬더니, 101번은 신분증을 갖고 있기 때문에 특별한 사항을 안 해놨대요. 100번 아이는 또 반지를 끼고 있고, 101번이 학생증 건 아이[이고], [100번 아이]는 반지 끼고 있는 게 특징이고, 우리 예진이는 반지를 끼고 있지 않았는데 친구 거 잠깐 낄 수도 있는 거니까, "그러면 둘 다 보겠다" 들어가서 봤더니 멀리서 봐도 우리 예진이가 보이더라고요. 101번이 아니라 100번이었던 거예요.

　우리 예진이 학생증은 10반에 다영이 있죠? 김다영이[가] 걸고 나온 거예요. 그래서 물어봤죠. "애가 이 명찰을 걸고 있었냐?"고 그랬더니, 아이들이 있으면 근처에 있는 애 목에 걸어 줬대는 거예요, 근처에 있는 애한테. 둘이 만약에 나란히 안 나왔으면 다영이도 예진이도 연고자 없는 사람으로 갈 뻔 했어요. 그 아버님도 다영이 들어왔다는 소리는 없으니까 다른 아이 보러 들어와서 다영이 있는 거 보고 데리고 나왔다고 하더라고요.

면담자　　　아이를 데리고 바로 올라오셨어요?

예진 엄마　　목포중앙병원? 우리 예진이가 너무 멀쩡한 거예요, 차갑고 숨만 안 쉰다 뿐이지 상처 하나 없고. 제가 [예진이가] 손을 이렇게 하고 있는데 내가 손을 이렇게 해봤어요[오므린 손가락을 펴봤어요]. 굳잖아요, 그런데 굳지도 않았어요, 손이 이렇게 되더라고[펴지더라고요]. 얼굴을 만져봐도 그렇고. 그래서 '애가 간 지 얼마 안 된 앤가, 그랬다면 그동안 얼마나 고통스러웠을까' [하는 생각이 들었어요]. 그리고 다른 사람들은, 만지지도 못하게 했다는 사람이 많더라고요, 22일 날 왔어도 상한다고. 그런데 저는 예진이[한테] 뽀뽀하고 부비고 그래도 뭐라고 안 하더라고요. 그래서 '얼마 안 됐나' 그런 생각을 했죠.

면담자　　　좀 쉬었다가 할까요, 그냥 할까요?

예진 엄마　　그냥 할까요?

면담자　　　네. 목포 병원에서 DNA 검사하고 하는 동안 기다리고 하셨겠네요.

예진 엄마　　22일 날, 아이들이 두 명인가가 바뀌었다고 하더라고요. 그래서 그 뒤로는 기다리는 시간이 많았는데, 저희 갈 때까지만 해도 병원에서 그렇게 오래 기다리지 않았어요. 목포중앙병원 가서 간단한 절차를 하면서 DNA, 저희들은 그 전에 했으니까,

체육관에서 했으니까 결과 나오기 전에 올라왔어요. 저희 이후로는 거기서 결과까지 기다렸다가 나왔다 하더라고요, 아이들이 바뀌어서. 저희들은 결과 나오기 전에 DNA 예진이 거 채취하고, 병원에서 사진을 찍는지 그 안에서. 아빠만 들어갔나? 저는 안 들어가고 한 번 더 확인하고 안산으로 올라왔어요. 병원에서는 오래 지체되어 있지 않았어요.

면담자   장례 과정에서 특별히 기억에 남는 일이 있으셔요?

예진 엄마   장례 때 빈소 차려놓고 저는 잠깐 잔다고 했는데 몇 시간 동안 정신을 잃었다고 하더라고요. 예진 아빠가 "정신 똑바로 차려야 된다"고 그랬는데, 누가 누가 왔다 갔는데도 내가 "의식을 못 찾더라" 하더라고요. 저는 자고 일어난 줄 알았거든요. 특별한 사항은 교육청 관계자들이 와서 장례식장하고 협의하는 거 도와줬는데, 매일매일 바뀌는 거예요, 한 3일인가를. 그 직원이 오늘하고 내일하고 다르니까 할 때마다 조금씩 틀리고[다르고]. 그래서 예진 아빠하고 싸웠던 기억이. 자기네들은 "그런 내용을 전달 못 받았다"는 둥 "여기까지는 되는데 여기부터는 안 된다"는 둥 이런 거 같애요. 예진 아빠가 "우리가 큰 거 바라냐, 응? 내 새끼 죽은 것도 억울한데"하고 싸운 기억[이 나요]. 싸우니까 "죄송하다" 그러니까 "여기까지다" 이런 식으로. 그런 거 말고는 아이 염인가 하기 직전에 DNA 결과가 나와야지 할 수 있거든요. 다행히 하기 직전에 그 서류가 왔더라고요. 우리는 거기서는 순탄스럽게 잘 한 것 같아요

(한숨). 빈소 차려놓고 예진이 사진 걸려 있는데, 보는데 미치겠더라고요(울음).

7
예진이를 보낸 직후 가족들의 상황

면담자   동생도 많이 힘들었을 것 같은데 좀 어땠어요?

예진 엄마   ○○이…. 마지막에 다 옷 입히고 얼굴을 동생보고 덮어주라 하더라고요. 안경을 썼는데 안경 밑으로 콧물 눈물이 막…. "누나, 누나" 부르면서 우는데(한숨) 이게 뭔가 싶고. [장례가] 끝나고는 〈비공개〉 오히려 그 전보다 말도 많아지고. 제가, 누나가 있기 때문에 ○○이한테는 두 살 차이라도 예진이가 여자애기 때문에 되도록 ○○이한테 친구들은 밖에서 만나고 집에 누나 있으니까 데리고 오지 말라고 했거든요. 그래서 애가 친구들을 집으로 잘 안 데리고 왔었는데, 4월 16일 이후로는 애가 더 밝아졌고 친구도 더 데려오고 이러더라고요. 애가 개그 프로도 가끔씩 보면은 뭐라고는 안 하는데 짜증 나더라고요. 애가 이렇게 보고 웃기도 해요, 개그 프로 보고. 나는 그것도 짜증 나는 거예요, 방에서 울고 있는데. 그게 짜증 났는데 나중에 선생님들은, 주변에서 들어보면은 "엄마, 아빠들한테 힘든 모습 안 보이려고 했던 자기만의 방법이었을 거라"고 이야기를 해서 그나마 괜찮아졌는데.

그리고 언젠가부터 누나 방 불을 자꾸 켜놓더라고요, 어두워지면, "누나 무서워할 것 같아서 네가 켜놨어?" 그러니까 자기가 켜놨다고. "누나 무서워할까 봐 켜놨다"고 그러고. 지금도 저녁마다 불 켜주고 꺼주고, 지가 그렇게 하더라고요. 그리고 한동안 누나 이야기를 안 했어요. 아빠랑 둘이 이야기하면은 자기는 그냥 방에 들어가고 그랬는데 언젠가부터, 오래되지 않았는데 가끔씩 "우리 누나도 저거 좋아했는데, 그죠?"[라고 하더라고요]. 학원에서 얘를 태워온 적이 있었는데 옆에서 남녀 커플이 앞뒤로 오토바이를 탔더라고요(한숨). "예쁘다, 짜증 나" 그랬더니 "우리 누나는 저런 것도 못해봤죠?" 이러면서. 그렇게 가끔씩 누나 이야기를 해요, 자연스럽게. 불쌍해요 작은 애도. 아빠는 회사 다니고 저는 이렇게 [진상 규명 활동한다고] 다니면 애들[동생]도 못 챙길 때가 많아요, 고등학생 이래도. 그것도 너무 미안하고. 그렇다고 '얘 챙겨주고 집에 있으면, 다 그렇게 하면은 누가 세월호 진실 밝히고 할 거냐' [싶어서]. 맨날 다니면서도 ○○이한테도 미안하고 [그래요].

면담자 　　　가족분들이 그래도 많이 이해해 주시는 편인 것 같애요.

예진 엄마 　　　예진 아빠는 더 하라고 그래요. 네가 못 하겠으면 내가 회사 그만둘 테니까 더 하라고. "뭐가 되든 안 되든, 그래도 뭐라도 해봐야 되지 않냐, 억울하지 않냐?" [하면세] 자주 울어요, 예진 아빠도. 옛날에는 저보고 정신 차리라고 이랬었는데, 자꾸만 요즘 들어서. 1주기에[1주기 다가오니까] 2월, 그때쯤부터 힘들어하고 자주 울더라고요. 자기가 숨죽여서 운다고 그러는데 거실에 있으면 방에서 [우는 게] 들리니까, 그것도 싫어요. 제가 그 1주기 때 너무 힘들어서, 아니 100일 때, 작년 7월 24일인가 그때인데, 광화문에서, 시청에서 행사하고 광화문으로 행진하는데 경찰들 엄청 많이 왔었고 천둥, 번개 엄청 쳤었거든요. 그때 정말 힘들었어요. '예진이는 얼마나 힘들었을까' [생각하니까].

그리고 나서 집에서 낮에도 술 먹고 밤에도 술 먹고 매일 이랬어요. 예진 아빠가 오면은 [자기도] 짜증 나죠. 새끼 잃었죠, 마누라라고 저렇게 맨날 "죽겠다"고 저러고 있으니까. 그러다가 같은 반 엄마가 집에 매일 찾아왔는데 문도 안 열어주고. 서로서로 감시할 때니까, 연락이 안 되면 나쁜 생각할까 봐. 그야말로 감시할 땐데, 나오던 사람이 안 나오니까 [집으로] 오더라고요. 안 만나다가 "네가 그러면 어떡하냐, 더 억울하지 않냐, 나가자" 그래서 그때부터 간담회도 다니고, 더 다녔고. 그러니까 예진 아빠는 "집에 있어서 네가 그런 거니까 어떻게든 나가라"고, "나가서 뭐라도 하라"고 그래. "크든 작든 그래도 뭐라도 해야 되지 않냐". 그런 편이에요.

면담자　　　　장례 치르고 나서 100일쯤에도 나가셨다고 하셨잖아요. 언제 처음 활동하러 나가게 되셨는지요?

예진 엄마　　　애들 올림픽기념관에 있다가 화랑유원지로 옮겨서 그때부터 그 앞에서 피켓도, 손 피켓 들고 서명도 받고 하면서 7월 달부터 서명 투어 다녔죠.

면담자   그때부터….

예진 엄마   전국으로 다녔는데 그때는 ○○이를 챙기느라고 2박 3일로 가는 거는 못 가고, 주말마다 춘천, 광주 갈 때 항상 다녔죠. 그때 특별법[4·16세월호참사 진상규명 및 안전사회 건설 등을 위한 특별법]이었을 거예요.

면담자   그때 나가시게 된 계기가 있으셨는지요?

예진 엄마   아니, 계기는 그냥 무조건이었어요. 당연히 해야 될 같아서 갔던 것 같아요.

면담자   연락은 반에서 온 거였어요?

예진 엄마   반에서 움직이는 대로 했죠.

면담자   ○○이 챙겨줘야겠다고 생각하신 건 진도에서부터 힘들어했던 게 보여서 그러셨던 건가요?

예진 엄마   그것도 그렇고요. 간담회를 지방으로 많이 다녔어요. 지방으로 가면은 아침에 일찍 갔다가 도착하면 새벽[인 적이] 굉장히 많았거든요. 올라오면서 차 안에서 '우리 ○○이 오늘은 밥은 어떻게 제대로 먹었나' 이런 걱정. 가면은 자고 있죠. 아침에도 가는 거만 보고 또 나가면은 계속 그러니까. 그거를 주의를 하면서 해야 하는데, 그때는 간담회 이런 일정이 많이 잡혀 있고, 힘들어서 못 나오는 분들이 많으니까. 지금도 그렇지만 움직이는 사람만 움직이잖아요. 그러니까 그 일정에 맞출 수밖에 없더라고요. 몇 번씩 건너뛰고 이렇게 같이 돌아가며 하면 그래도 수월할 텐데, 그런 것 때문에 일정에 따라가다 보니까, 지방에 있으면은 보통 하루는 그냥 가는 거니까. 지금이야 안산에도[에서도] 간담회도 가고 하지만, 그때는 거의 지방으로 다녔거든요, 경상도, 경기 북부 그런 데로 많이.

면담자   초기 간담회 할 때 기억에 남는 일화가 있으세요?

예진 엄마   저는 처음에 발언을 광화문에서 했어요, 무작위로 이름을 불러서 나오라고 해서. 예진이 이야기 하면 된다고 그래서 이야기하면서 그냥 울면서 내려왔죠. 그러면서 그때 옹알이를 해서 [조금씩 익숙해져 간 거예요]. 또 그 옆에 전교조 선생님들 많다고 무슨 회의 같은 거 하는데, 가족들 발언하는 시간을 주셨더라고요. 그래서 거의 두 명씩 다녔어요, 두 명씩. 혼자보다 나으니까. 그러면서 우리 애들 이야기하고, 그때 너무 이상했던 점, 이야기하니까 하게 되더라고요. 특별한 거 아니라도 그렇게라도 알리고 '관심 끊지 않게 해야지 된다'면서 다니게 됐던 거고.

　또 촛불문화제 하시는 데 많잖아요. 그러면 같이 동참해서 촛불문화제 하고 그런 거 했어요. 작은애도 갈 수 있는 그런 자리면 한 번씩은 갔는데, 애가 한 두 번 가더니 안 가더라고요. 싫어하더라고요. 그런 분위기가 싫고, 자기가 유가족인 거를 알리고 싶어하지 않더라고요. 배지, 팔찌도 아무것도 안 해. 그래서 "○○아, 너희 학교 팔찌 한 사람 없어?" 그랬더니 있대요, 있는데 자기는 싫다고. "그렇다고 엄마, 내가 누나 잊는 거 아니에요" [하면서] 국회의원 이야기를 하더라고요. "저 사람들, 배지 단 사람들, 야당 사람들 죽 달고 나왔잖아요. 저 사람들 저렇게 달면서도 마음은 아니잖아요. 그거보단 차라리 내가 나아요"(웃음)(한숨).

면담자　　　유가족인 걸 알리고 싶지 않다는 건 그런 일을 겪어서 그런 거예요?

예진 엄마　　　자기가 유가족인 걸 알리면 아무래도 관심의 대상이 되잖아요. 그래서 싫은 것 같아요. 4월 16일 이후로, 중학교에서부터 상담 선생님, 상담반이 되어 있었었어요. 여자애들은 간다 하더라고요. 그런데 얘는 아예 발길도 주지 않고. 선생님이 전화가 와요. "○○이하고 같이 이야기를 하고 싶은데, 아예 이야기도 못 꺼내게 한다" 그래서 "그럼 선생님 애가 원하지 않으면 하지 마세요"라고 [했어요]. [상담]한 아이들은 "이야기를 하면서 자꾸 상처가 된다"고 집에 와서 이야기를 했다고 하더라고요.

면담자　　　상담이요?

예진 엄마　　　상담이, 자꾸 물어보는 게 힘든 부분[이] 있죠? 어른들이야 이야기를 하지만 걔네들은 감당하기 힘들었나 봐요. 특히 여자애들은 상담하고 오면 힘들다고 "엄마, 안 했으면 좋겠다"고 이런 소리를 주변 엄마들한테 들었어요. 선생님이 저한테 전화하실 때 "아이가 원하지 않으면 하지 마세요"[라고 했어요]. 고등학교 가니까 고등학교에서는 표 안 나게 상담반이 꾸려졌더라고요. 애들 진로 상담하는 것처럼 했는데, 예를 들어서 ○○이도 그런 상담으로 가면 겸사겸사해서 상담을 한다고, 그래도 아무도 눈치 못 챈다고. 저도 한 번 오라 그래서 선생님하고 한 번 이야기를 했는데, ○○이도 몇 번 왔다 하더라고요, 벌써. 세월호에 대해서 집중해서 물어보지 않고 진로 이야기를 해가면서 은근슬쩍 했더니 누나 이야기를 살짝, 그때는 저한테도 누나 이야기를 안 할 때였거든요. 그래서 "저한테도 누나 이야기를 안 하는데요" 그랬더니 "그것 보세요. 이제 하게 될 거예요. 기다려 보세요" 그러더라고요.

면담자   고등학교는 형제자매들이 같은 고등학교에 많이 있나요? 중학교 때보다 더 적을 것 같은데요.

예진 엄마   적어요. 4명 [있어요], 같은 반에 1명 있고. 선생님한테 편지를 썼죠. "선생님, 멀리서만 지켜봐 주세요. 세월호 아이인 것을 티 나지 않게 해주세요. 멀리서만 애 모르게 눈치 못 채게 관심 좀 가져주세요" 그러니까 "알겠다"고 그러고. 얘가 수학여행도 갔다 왔거든요. 수학여행, 수련회 이런 걸 갔다 왔는데, 보내기 싫은 거예요. [활동하느라] 바빴을 때도 야영을 가는데 "엄마는 너 이런데 안 갔으면 좋겠는데…" 그랬더니, "엄마, 그래도 저는 가야죠" 그래 가지고 "모르겠다, 아빠하고 상의해. 엄마는 모르겠어" 그랬더니 아빠가 "그래도 가야지" 그래서 보내긴 했는데. 올 때까지도 걱정되고 선생님한테도 "선생님 다른 건 다 필요 없고요, 안전하게만" 그랬더니 "어머니, 알겠습니다" [그러시더라고요]. 그리고 가는

곳마다 사진을 찍어서 전체 단톡에 올리는 거예요. 선생님이 꼼꼼
하셔서, "아이들이 이거 먹었습니다, 지금 몇 신데 다 잘 준비됐습
니다" [하고 단톡에 소식 올리시면서](한숨). 선생님이 그렇게 신경 써
주시더라고요, 감사하죠.

면담자　　　중학교 때는 [유가족] 애들이 많았을 거 같은데, 몇 명
정도 있었어요?

예진 엄마　　　선부중학교 물어봤는데, 선부중학교에 희생된 애가
칠십 몇 명이랬나? 선부동, 와동, 고잔동 아이들이 다니까. 선부동
안에서도 굉장히 많이 애들이 희생됐거든요. 예진이하고 초등학교
때부터 붙어 다니던 애, 걔도 같이 그러고. 친했던 애들 다 같이 갔
어요. 같이 단원고 지원했던 애 두 명은 다른 학교로 떨어졌죠, 걔
네들이 그때는 막 죽을라고 그랬죠, [단원고] 안 됐다고.

　　그런데 얘네들은 『약전』 할 때 들어보니까, 자기네끼리 몰래
다른 학교 아이가 단원고에 단원고 체육복 입고 가서 급식 먹고 그
랬고, 우리 예진이도 강서고등학교, 친구 친한 애[가 있는] 강서고에
몰래 다른 애 거 입고 가서 급식 먹고 그랬던 기억이 [있더라고요].
예진이가 "엄마, 강서고등학교는 엄마, 너무 커서요, 숨으면 못 찾
을 것 같다"고 애가 그런 적이 있었거든요. 그런 식으로 같이 갔었
나 봐요. 1학년 초에는 잘 모르잖아요, 얘가 이 학교 학생인지. 그
러니까 "너도 이 학교 왔니?" 이런 식으로 애들이 [물으면] "어" 이랬
는데 "알고 보니 다른 학교였어"(한숨) [하면서] 되게 재미있게 [지냈

나 봐요]. 애가 되게 활달했거든요, 진짜 활달했고.

내가 "엄마한테 인사 안 하는 애들하고는 놀지 마" 이랬었거든요. 그러니까 길 건너에서 내가 있는데 아이들이 한 몇 명이야, 일곱 명 되나? 교복 입고 "엄마" 부르더니 "야, 우리 엄마야, 인사해. 너희 인사 안 하면 나하고 오늘밤에 안 돼"(웃음) 이러니까 애들이 [일부러 흉내 내면서] 깡패 애기들 '안녕하세요' 하는 거 있잖아요(한숨). 너무 예뻤는데, 창피하기도 하고, 사람들 다 쳐다보니까. 그랬었는데…(한숨).

지금도 믿겨지지가 않아요. 첫 손주였거든요, 우리 시댁에서도 첫 손주였다고 기대치도 크고. 재롱 잔치 할 때는, 행사였거든요, 할아버지 영월에서 올라오시고, 아가씨 캠코더 처음 나올 때 사갖고 찍고 그랬었는데. 지금은 그래서[그런데] 가족들하고 왕래 안 하고 살아요, 지금까지. 제가 못 하겠어요. 그 뒤로 조카들도 생겼는데, 걔네들 보면 우리 예진이 어릴 때 기억나고. 아직 못 보겠어요.

면담자   아버님께서 직장 복귀하셨을 때도 힘드셨을 것 같애요.

예진 엄마   예진 아빠가 한 6월 달부터 다시 갔거든요. 4월 달 그러고 한 달 쯤 넘어서 갔는데, 그것조차도 짜증 나더라고요. 국회 들어가서 노숙 농성할 땐데, 다른 반 아빠들은 계속 [국회에] 있는데 예진 아빠는 주말에만 오니까 짜증이 나서 어느 날은 내가 "새끼도 없는데 일해서, 그 일하는 데 다녀지냐"고 막 짜증을 냈더니, 처음에는 몇 번을 이야기를 안 하더니, "나는 좋겠냐, 나도 울

91

2회차

면서 다닌다. 그래도 어느 한 놈은 정신 차려야 되지 않냐"고, "너 술값은 벌어와야 되지 않냐"고 [하더라고요]. 지금 생각하면 그게 잘한 것 같아요. 맨날 울면서 다녔다 하더라고요.

그때 광화문에, 국회에 있던 분들은 오히려 지금 안 움직이고, 예진 아빠는 지금 회사를 다니면서도 피켓 같은 것도 하고, 할 수 있는 건 계속하니까. 그때도 그랬어요, "내가 이렇게 짧게 짧게는 해도 길게 갈 거니까, 끝까지 할 거니까 걱정하지 마"라고, "내가 아무려면은 이러는 게 좋아서 다니겠냐"고. 그런데 지금 그거를 [말한 대로] 하더라고요. 금요일마다 피케팅을 나가고, 설문 조사 있으면 나가고, 광화문에 행사 있으면 가고, 회사 다니면서 그렇게 하니까.

그리고 한번은 자다 보니까 없는 거예요. 그래서 걱정이 돼서, 작년이니까, 분향소에 갔더니, 보고 싶어서 갔다가 울다가 분향소 대기소에서 잤다고 하더라고요. 한참 지나서는 가족들끼리 저녁자리가 있었는데, 술을 먹으면서 밥을 먹었죠. 먼저 집에 들어간다고 한 사람이, 내가 30분 있다 가니까 없는 거예요, 핸드폰도 놓고 나갔고. 걱정이 돼서 '또 분향소를 갔나' [했는데] 분향소에도 없는 거예요. 왔다 갔다 하다 보니까 한 시간이 넘었어. 집에 왔는데 없는 거예요. 나쁜 생각 할까 봐 파출소에 신고를 했어요, 사진을 뿌리고 해갖고. 한 중대가 나왔다고 하더라고요, 자기네 말로는 200명이래요. 산에도·가고 다 찾아도 없어요, 12시까지는 집에 들어오는 사람이. 4시, 5시 돼갖고 왔는데, 경찰이 "저기 오시는 분이 혹시 아저씨세요?" 그러니까 "우리 예진 아빠 맞아요" 그랬더니 "아니라

예진 엄마 박유신

고 그러던데요" 그래 갖고 내가 "예진 아빠, 어디 갔다 왔어?" 그랬
더니 "쪽팔리게…" 그러더라구요. 지금까지 어디 갔었는지 몰라요.

면담자   이야기를 안 해주시나요?

예진 엄마   안 해줘, 혹시라도 나쁜 생각 할까 봐. 너무 힘들어
하니까.

면담자   술을 마시거나 그러시지도 않으셨어요?

예진 엄마   그날 저녁 먹으면서 술 한잔 먹었대. 한두 잔 먹었으
니까. 그리고 집에 와서도 우리 당직 끝나고 왔는데, 우는 소리가
들리는 것 같은데, 그때는 막 통곡을 하더라고요. "너무 보고 싶고
억울해서 환장하겠는데 방법이 없으니까 미치겠다"고, "보고 싶어
미치겠다"고. 그런 모습을 본 뒤로 나쁜 생각을 할까 봐 그것도 겁
나더라고요(한숨). '예진이가 갔는데 누군들 죽어도 겁나는 것도 없
다' 이렇게 생각하면서 살았었는데, 막상 저렇게 아빠가 약한 모습
보이고 그러면 철렁철렁할 때가 많아요. 서로들 신경도 예민해져
서 작은 걸로도 투닥투닥 잘 싸우고 그래요, 속상해 미치겠어요.

8
동방신기를 좋아한 예진이

면담자   오늘은 여기까지 할까요, 아니면 조금 더 하셔도 괜

찮으신가요?

예진 엄마   아니, 편하신 대로.

면담자   식사하시거나 그래야 되지 않을까요?

예진 엄마   아, 괜찮아요.

면담자   어머님, 구글에 "3반 예진이 세월호" 검색해 보니까 예전에 동방신기 되게 좋아했다고 뜨더라고요.

예진 엄마   예, 초등학교 때부터 완전 팬이었어요. 유노윤호 팬이었고, '카시오페이아' 팬클럽 들어가서 콘서트할 때도 가고, 엄청 열심이었어요. 2월 1일, 세월호 침몰하기 한 3개월 전이죠. 그때도 학원에[이] 늦게 끝나니까 제가 데리고 태우고 오는데, 얘 [데리고] 올 때마다 [마트에] 들어가서 먹거리를 사들고 나오면서, 신호등 기다리면서, 유노윤호가 예진이보다 10살이 많더라고요. "엄마, 나 유노윤호하고 결혼하는 거 어떻게 생각해?", "걔가 너를 받아나 준대? 야, 그리고 네가 밑지는 거지, 10살이나 많은데", "아니야. 그래도 내가 커버할 수 있고 오빠가 커버할 수 있고, 우리는 될 거야"(웃음). 잊어버리지도 않아. 자기네들끼리도 편지 쓰면은 "유노윤호 여친 예진" 이렇게, 자기네들이 그런 게 많더라고요. 굉장히 좋아했어요. 집에 보면은 지금도 유노윤호한테, 올해 2월 달인가? 생일인가 봐, 유노윤호한테 편지 써놓은 것도 있고. 진짜 옆에 있는 사람한테 쓰듯이 편지를 써놓고. 아무튼 유노윤호 되게 좋아해서 자기가 "나중에 뮤지컬 배우 되고 하면, 같이 무대에 서봤으면 좋겠다"는 소리를 되게 많이 했어요.

면담자   아이들 방 사진이 있는데, 책상에 유노윤호랑 최강창민 둘 사진이 있더라고요.

예진 엄마   그것도 있었고, 그 전에는 내가 구겨 버린 것도 있는데. 지 동생한테는 뭐라 해가면서 유노윤호 사진 붙여놓고 하니까, "동생보다 니가 더 말을 안 들어" 그러면서 뗐더니 "이이이잉…" 이러면서(웃음).

면담자   엄청 화났을 것 같은데요(웃음).

〈비공개〉

9
아이들의 방 전시와 보고픈 예진이

면담자   아이들의 방 전시나 사진으로 봤을 때 느낌이 어떠셨는지요?

예진 엄마   (한숨) 처음에 그 누구지?

면담자   기현 씨[4·16기억저장소 자원봉사자, 배우].

예진 엄마   기현 씨가 "누나, 사진 같은 것 다 찾아놓고요. 자료 같은 것 다 찾아놓으세요" 그래 갖고 그걸 다 찾아서 책상에 올려

났거든요. 그거를 찍은 거예요, 더 깔끔하게 했으면 좋았을 텐데. 다른 반들은 깔끔한 방도 있는데, 저는 책상에다가 그런 자료를 다 올려놓은 거였거든요, 편지 같은 것도 올려놓고. 그거를 찍어서 전시를, 나도 깔끔하게 할 수 있는데.

면담자　　　역시 어머니라 깔끔한 게 제일이시군요. 저는 그게 되게 인상적이었는데, 책상에 아이의 물건들이 수북이 있고 거기 유노윤호 사진들이 있고 해서요.

예진 엄마　　　아니, 그래도 어느 정도지.

면담자　　　갓 쓰던 것 같은 느낌? 아이가 갓 공부하다가 나간 그런 느낌 들어서 좋던데요.

예진 엄마　　　그랬어요? 근데 그런 건 있어요. 편지 같은 거, 자기네끼리 주고받은 거, 그런 거를 반듯이라도 좀 쌓아놓을걸. 그때 민호[김민호 사진작가]가 들어가서 찍은 거예요. 그래도 전시할 때마다 종종 올라오니까 좋더라고요, 그대로거든요. 그 쓰레기통 그것도 안 치우고, 15일 날 쓰레기통 [그대로]. 그것 모아서 예진이가 버렸던 것, 그렇게 됐어요. 머리카락도 여섯 개 찾아갖고 병에다 담아놓고.

면담자　　　머리카락을 방에서 찾으셨어요?

예진 엄마　　　아니, 다른 반 엄마가 아이 입관할 때 머리카락을 잘라서 보관했다고 그러면서 보여주더라고요, 이게 머리카락이라고.

나는 그 생각도 못 했어요, 솔직히. 그래서 집에 와갖고 예진이 방에, 단발머리였는데 그 전에 길었던 머리카락[을] 찾으니까 여섯 개가 나오는데, 머리카락 길으니까 꽤 되더라고요. 그래서 예쁜 병 있잖아요, 사다가 넣어놨어. 그 전에는 머리카락 떨어지면 뭐라 했는데 이렇게 소중할 수가 없는 거예요. 이렇게 소중할 수가 없는 거예요, 머리카락이. 담아놨어(한숨). 스타킹도 아이들은 올[이 자주] 나가니까 뭉치로 사다주잖아요. 기모 같은 것도 한 번도 뜯지도 않고 못 신어보고 간 것도 있고, 그런 것도 막 보고. 양말 같은 것도 애는 어디서 이상한 캐릭터 같은 것도 잘 사와요. 자기 신으려는 목적도 있지만 소장용으로, 그런 것도 많이 있고. 제가 사다주면 양말은 아무거나 신으면 되잖아요. 제가 사다주는 양말은 신지도 않아요, 이상하다고 촌스럽다고(한숨). 평범한 양말은 싫어했고.

면담자   작년에는 광화문이나 간담회 다니시고 그러다가 올해는 집에 계시는 시간이 많잖아요. 그래서 방을 보거나 예전에 쓰던 물건들 보면 여러 가지 생각이 드실 것 같애요.

예진 엄마   애들 이번에 앨범을 만들었잖아요. 사진을 20장을 내야 되는데, 솔직히 사진 20장 찾는 건 쉬운데 겁이 나는 거예요. 애들 어렸을 때 보면은 지금도 도저히 용납이 안 되니까, 지금 현재 상황이. 사진 20장 고르는데 예진 아빠랑, 아이[예진이 동생]가 없을 때, 사진 고르면서 엄청 울었어요. 더 예쁜 거예요, 애기 때 보니까. 예진이 있을 때도 사진 봐가면서 "야, 이게 너야" 그러면

"엄마, 나 살만 빼면 예쁘겠지" 이런 소리를 많이 했거든요. "조금 빼면 예쁠 거야" [하면서] 같이 봤던 기억도 있는데, 지금은 혼자 보고 있으니까 그 현실도 짜증이 나고(한숨). 왜 이렇게 예쁜지. 더 예쁜 거예요, 사진을 보면은. 예를 들어 뒤에 이렇게 [머리카락을] 하나로 묶었으면, 그 뒤에 뭐로 묶었나 이런 것조차도. 끝 모습만, 머리끈 조금만 보여도 '이게 어떻게 생긴 거다' 다 기억하잖아요, 엄마들은. 다 해줬기 때문에. 멀리서 보아도 저 옷 그림이 어떤 건가 생생한데, [예진이가] 없다는 게 믿어지지가 않고 그러니까 힘들어요. 방에 들어가는 것도, 밤에 아이 생각날 때는 예진이 방에서 잘 때가 많아요, 혹시라도 꿈꿀까 사진을 안고 자는데(한숨) 꿈에 안 나와.

면담자   어떤 사진을 안고?

예진 엄마   영정 사진으로 쓴 거 집에 하나 있거든요. 그거를 예진이 침대 옆에 놨는데, 그 사진 안고 자는데 절대 꿈에 안 나와(한숨). 같이 활동해 주시는 분들, 동화작가 그런 분들 계시잖아요. 그 분들이 "예진이 꿈꿨다"고 "힘내라"고 문자 보내주실 때가 있어요. 광화문에도 갔는데 "꿈에서 예진이를 봤는데 꼭 안아줬다. 그래서 그 기운이 지금 나한테 있다. 예진이를 안아준다 생각하고 안아주겠다" 그러면[서 저를 안아주시면] 너무 고맙고. 그럴 때 정말인지 아닌지는 몰라도 정말 믿고 싶어요. 그래요.

면담자   어머님, 꿈에서 예진이 만나면 해주고 싶은 이야기 있으세요?

예진 엄마   그때, 배에 있을 때 통화할 때 나오라고 하지 못한 게 너무 미안하거든요. "침착하고 하라는 대로 하라"고 그 말한 게 너무 미안해요, "미안하다"고. '그때 그냥 무조건 나오라고 했으면 얘가 엄마 말 듣고 나왔을까?', '그때 연결이 안 됐으면…'. 통화 못한 사람들은 그래도 마지막 목소리라도 들었다고 부러워는 하는데, 저는 '통화를 안 했으면 얘가 자기 생각으로 그냥 나왔을까?' 그런 생각이 들어서 애한테 너무 미안하고. 또 어릴 때만 사랑한다는 소리 했었지 크면서는 그런 말을 못 하고 살았어요. 지금은 애가 없으니까 "예진아, 보고 싶어. 사랑해" 하지만, 사랑한다는 소리를 애기 때 말고는 안 하고 산 것 같아서, 그 말을 꼭 해주고 싶어요(한숨). 진짜 몇 분만이라도 살아서 있다면 꼭 한번 안아주고 싶어요(울음).

면담자   이사 이야기도 하셨잖아요. 이사 생각을 하시면, '물건 정리할까?' 이런 고민도 하실 것 같은데.

예진 엄마   지금 사진, 캐리커처 많잖아요. 거실에는 예진이 사진, 그리고 우리 ○○이가 서운해할까 봐 가족사진도 놓고, ○○이 사진도 놓고, 사진으로 엄청 도배를 해놨어요. 바닥이고 위에도 다. 예진이 방에도 예진이 기억할 만한 거 만들어준 거 많은데, 그게 저한테서 끝내야지 우리 아들까지는 가게 하면 안 되잖아요. 그러니까 저희 같은 반 엄마 중에서 좀 나이가 있는 언니, 그 언니가

"이런 거 전부 다 해놓으면 뭐 하냐, 아이가 없는데. 누가 형제자매가 우리처럼 이렇게 하겠어" [하면서] 언니는 이런 거 안 만들고 안 하고 천천히 기억저장소[4·16기억저장소]에다가 갖다준다 하더라고요, 나중에 그것 처분할 때도 마음이 아플 것 같다고. 저희 반 윤민 언니[는] 기억저장소에 뭐도 갖다주고 뭐도 갖다주고 했다는데 저는 아직까지는 그렇게는 못 하겠고. 언젠가는 하겠죠?

그런데 아직까지는 예진이가 썼던 거를 어떻게 못 하겠어요. 예진이가 가져갔던 캐리어가 작년 추석 일주일 전에 왔거든요. 그 것도 집에 그대로 있고, 속옷도 가져간 그대로 갠 채로 [있어요]. 그런데 빠니까 삭더라고. 처음에 꺼냈을 때 모양이 있다가 몇 번 빨고 헹구고 하니까 삭아갖고 너덜너덜해지더라고요. 일주일간 바다에, 한 달, 아니야, 몇 개월이지? 9월 달에 나왔으니까 5개월간 바닷속에서 있어서 너덜너덜해져서, 색깔 있던 옷이 완전 검정으로 변했더라고요. 색깔이 빠져서, 주황색이었던 게. 신발 한 짝 먼저 나오고.

면담자	예진이 핸드폰은 받으셨어요?
예진 엄마	안 나왔어요.
면담자	안 나왔어요? 그러면 카톡은 그때 이야기했던 게….
예진 엄마	단체 카톡이요?
면담자	예, 단체 카톡이랑 그 전날 밤에.

예진 엄마   문자, 문자는 저하고 주고받은 게 핸드폰을 바꿔도 다 살리더라고요. 그래서 문자는 다 있어요. 그리고 옛날에 카톡 주고받던 거는 몇 개는 캡처도 해놨어요. 혹시라도 핸드폰 잘못 될까 봐 캡처도 해놓고. 16일 날 문자 주고받은 것도 다 있고요.

면담자   예진이가 마지막 통화했다는 친구분은 장례식 때 와서 이야기를 해준 거예요?

예진 엄마   예, 장례식 때 와서 이야기를 해줬어요, 초에. 선배 언니[예요]. 얘가 티오피[T.O.P] 봉사 동아리였거든요, 우리 예진이가. 그래서 그 선배 언니를 되게 좋아했어요. 예진이도 좋아했고 후배들한테 인기가 많았던 언니예요. 걔가 와서 이야기를 해주더라고요. 메시지도 보내가면서 물어봤죠. "언제쯤 통화한 거냐?"

면담자   오늘은 여기까지 하고요. 다음에 지난 1년 동안 도보 순례나 간담회 등 활동하시면서 남기고 싶으신 것들이나 이야기하고 싶은 것들 말씀해 주시면 감사하겠습니다.

3회차

2015년 11월 10일

1
시작 인사말

면담자　　　본 구술증언은 4·16 사건에 대한 참여자들의 경험과 기억을 기록으로 남김으로써 이후 진상 규명 및 역사 기술에 기여하고자 합니다. 지금부터 박유신 씨의 증언을 시작하겠습니다. 오늘은 2015년 11월 10일이며, 장소는 안산시 글로벌 다문화센터입니다. 면담자는 김향수이며, 촬영자는 박여리입니다.

2
특조위 조사 신청과 교실 존치 피케팅

면담자　　　특조위에 조사 신청하고 오셨다고 했는데 어떤 걸 신청하셨어요?

예진 엄마　　저희가 지금 배·보상 거부하고 소송 들어갔잖아요. 소송 들어간 사람 말고도 '우리 애들을 왜 그렇게 보내야 됐나' 궁금한 점, 그리고 '처벌해야 될 사람이 분명히 있다'고 생각하는데 그런 사람들을 상대로 해서 조사해 달라[는] 그런 신청서에[를] 접수하고.

면담자　　　신청서를 작성하고 하는 거예요?

예진 엄마　　네, 작성하고. 처음 해보는 거라 설명 들으면서 할라니까 부애[부애]는 나는데 못 하겠으니까 시간이 좀 걸렸어요.

면담자　　　법적인 용어도 나오고.

예진 엄마　　아니요. 오늘은 법적인 용어 상관없이 편하게 하라고
는 하는데(한숨), 반복되고 이러니까 어디에다 무슨 내용을 내야[써
야] 될지도 모르겠고 이래서. 아무튼 빈칸은 다 채우고 왔는데….

면담자　　　조사를 요구하는 것이 각자 다르게 작성되는 건가요?

예진 엄마　　네. 근데 엄마들이나 아빠들이나 궁금한 게 거의 비
슷하더라고요. "왜 출항했는지", "왜 침몰하는 날 갑판에 사람들이
하나도 없었는지", "있던 애들도 어떤 이유로 다 들어갔는지" 그런
내용들이 없으니까, '하나하나 풀다 보면 뭐가 나오겠지' 하는 기대
감[을 가지고], 그런 거 하나라도, 작은 거라도 너무 궁금했던 것[들
을 신청하는 거였어요]. 저 같은 경우는, 해경이 "출항하라"고 출항
명령을 내렸어도 단원고 관계자분들이 거부했으면 안 갔을 텐데,
최종적으로 "그래요, 갑시다" 한 사람이 누군지 [궁금했어요]. 그다
음 어떤 경로로 배 밖에 있던 애들이 다 들어갔는지, 어떤 식으로
선생님들이 우리 아이들을 통제했는지도 궁금하고. 아무튼 그동안
에 궁금했던 거 다 쓰고 왔어요.

면담자　　　오늘 다 같이 작성하는 날이었던 거예요?

예진 엄마　　원래 일주일에 두 번인데 정확히 요일은 몰랐어요.
시간이 남아서 갔다가 오려고 했는데 시작했더라고요, 한 시간이

면 될 줄 알고 했더니(한숨).

면담자   처음이라서.

예진 엄마   예.

면담자   2차 때 만나고 한 2주 만인데 그동안 어떻게 지내셨는지요?

예진 엄마   교육청은, 피켓 [시위하러] 일주일에 한 번씩 가고, 지난주에는 청계광장에, 특별법 만든 지 1년 되는 날이라서 문화제 갔다 오고. 거의 피켓 위주였어요, 요즘에는. 간담회보다는 피켓 위주, 교실 존치 문제로 피켓[팅]하고.

면담자   교실 존치를 위한 리플릿 같은 것도 나왔더라고요 (리플릿 건네줌).

예진 엄마   그 전단지요? 아, 그래요? 이건 처음 봤는데?

면담자   예, 저장소에서 갖고 왔어요.

예진 엄마   아, 저희가, 맞다. 저희 가족 입장에서 "이런 식으로 했으면 좋겠다"고 제안한 거, 이쪽으로, 그걸 거예요.

면담자   증축하는 것을 말씀하시는 건가요?

예진 엄마   예, 저희 가족이. [그런데] 이거를 볼려고도 안 하더라고요, 아예. 들으려고도 안 하더라고요.

면담자   시민들이요?

예진 엄마   아니, 단원고 재학생 측에서.

면담자   재학생 부모들이 그런가요?

예진 엄마   저희는 재학생 부모들 전체가 다 그런다고 생각하지 않고, 몇몇 대표 성격을 띤 사람들이 전체 의견인 양 하는 것 같더라고요, 제가 느끼기에는 그랬어요. 왜냐면 3학년 요거로 인해서 "이렇게 하겠다" 하고 저희들이 간다고 했는데, 아예 우리 가족들, [그런데 입구에 비치된 명단에] 우리 아이들 부모들이 [회의 장소에] 가면 [입구에서 참여자] 명단을 쓰잖아요, 출석 여부를. 우리 아이들 명단만 싹 뺐었고. 앞에서 회의를 진행하는 운영위원장이, 앉아 있는 사람들은 [유가족의 의견을] "들어보자" 그런 사람들도 있었는데 나가게끔 유도했다고 할까? 그런 느낌을.

면담자   누구를 나가게 했나요?

예진 엄마   듣고자 하는 재학생 부모들. "들을 필요도 없다"는 등 이런 식으로 앞에서 유도를 많이 해서, 일부 재학생 부모들은 "아, 들어나 봅시다" 이런 사람들도 있었는데, 그런 사람들마저 접촉을 못 하게 한다는 그런 느낌을 가족들이 많이 받았어요.

면담자   그때 간담회 같은 거 한 날을 말씀하시는 건가요?

예진 엄마   간담회가 아니고, 그거는 전체가 아니라 제대로 대화가 안 이루어지니까, 전체 재학생 아니면 3학년 재학생 부모라도 "우리가 제안하는 것에 대해 설명이라도 할 테니까 이거라도 들어봐라" 그런 장소가 되었는데도[자리였는데도], 운영하는 사람이 조금 들어보는 것조차도 못 하게 하는, 방해 소리를 하는 것 같은 느낌이었어요. 가족들이 그걸 다 느꼈어요. 그러니까 그 사람들은 정확히 못 본 사람들이 굉장히 많을 거예요, 내용을. 내용을 보면은, 제가 이쪽 입장이어서라기보다는 굉장히 괜찮거든요, 교육 쪽으로도 좋고. 근데 그 사람들 입장에서는 무조건 [2학년 교실은] 빼라고.

3
피케팅과 간담회에서 경험한 것들

면담자   지난 1년 동안 간담회나 도보 순례 등을 하시면서 기억에 남는 일은요?

예진 엄마   제가 어렸을 때 초등학교 때 빼고는 남들 앞에서 서서 이야기한다거나 피켓을 든다거나, 다 그럴 거예요 엄마들이, 그런 거를 못 해봤던 사람이라 못할 줄 알았어요. 사실 못했고, 버벅거리기도 하지만 아직은, 근데 아이 이야기를 하다 보니까 막 나오더라고요. 제가 맨 처음에 사람들 앞에서 우리 예진이 이야기를 하기 시작한 게, 작년 우리 예진이 보내고 첫 추석 때 광화문에서, 가수 이름은 모르겠는데 민중[가요] 가수분 같아요. 그런데 가사 내용이 "딸 입장에서 엄마가 꾸미지 않고 창피해하고 이러다가 엄마가 돌아가시니까 그 모습도 그립다" 이런 내용의 노래를 하는데, 그

노래를 들으니까, 우리 예진이가 저한테 그랬거든요[꾸미라고 잔소리를 했거든요]. "그렇게 잔소리해 주는 딸이 있었으면 좋겠다", 이런 이야기를 하면서 예진이 이야기를 했어요.

예진이 이야기를 하다 보니까 떨리는 것도 없고 말이 나오더라고요. 그때부터 '예진이 이야기도 하고 다니고 이렇게 말을 하고 다녀야지. 말로만 우리끼리만 기억해 줬으면 하는 게 아니라 이래야지 한 번이라도 더 듣고 그러는구나' 그러면서 다니게 됐던 거죠. 그래서 광화문에 기억이 있고…. 그때부터 혼자는 안 다니고 다들 두 명 이렇게 다녔잖아요. 그래서 그때부터 지방으로도 많이 다니고, 안산에서는 못 했고. 지금도 안산은 무섭고.

면담자 뭐가 무서운 거예요?

예진 엄마 아는 사람 만나고 예진이 친구들 만나고 이럴까 봐. 내 감정을 못 추스를 것 같아서 겁났어요. 그래서 금요일 피케팅할 때도 선부동 아니고 중앙동이나 상록수로 갈려고 했거든요. 근데 누가 그랬어요, 부딪쳐야 된다고 자꾸. 그래서 선부동으로 왔는데, 아는 사람 많이 못 만나더라고요(웃음). 모르겠어요. 저를 보고도 다가오기 어려우니까 그냥 갔는지는 모르겠는데, 딱 마주친 사람은 우리 아들 친구. 근데 그 아이는 우리 집에서도 매일 보는 아이니까. 그 아이 말고, 옛날부터 알던 사람들은 많이 안 만났어요.

면담자 간담회는 기억에 남는 일화나 사람들이 있었는지요?

예진 엄마 우리가 간담회를 갔다 오면 힐링도 되면서 아파하는

데가 아이들 상대로 하는 장소였는데, 작년에 파주 중앙도서관에서 간담회를 했어요. 그때는 우리 예진이 동영상도 틀어주면서 했거든요. 그런데 애들이 초등학교 애들이고 동화작가 선생님들이고 여기에 관심 있는 분들만 계셨는데, 작은 아이들이(한숨) 어른보다도 따지는[묻는] 걸 많이 했어요. 물어보는 것도 [어른들처럼] 돈에 관한 이런 게 아니라 "어떤 언니였어요?" 이런 거 물어보고 관심이 많더라고요. 그때는 10월 달인가 그랬는데, 거기서 많이 울고 힘도 받고 그러고 왔죠.

면담자   아이들의 질문이 어른들의 질문과는 다르다고 했는데 어떻게 달랐나요?

예진 엄마   많이 달라요. [어른들이 질문할 때는] 최근에 배·보상에 대해서 "가족들이 신청했다는데" 대놓고 물어보는 사람도 있고. "[유가족들이] 다 신청했다는데, 여러분들은 돈이 아니고 진실만 밝혀달라고 했는데, 배·보상 신청한 분들도 계시다면서요?" 이렇게 물어본 사람도 많았거든요. 그럴 때 곤란하기도 하고 힘들었는데, 물론 사람이니까 사람마다 다 입장도 있고 그래서 그런가 보다 [하고 이해하고], 그래서 저는 좀 둘러대는 식으로 이야기를 했어요. 그런데 우리 같은 반 엄마는 솔직히 몇 명 중에서 몇 명 신청했고, 다 이야기한다 하더라고요, 그래야지 오해도 없다[고 하시면서]. 그런 게 많이 힘들어요. 간담회 다니면서 금액 이야기하고.

사실 저는 배·보상 금액 얼만지도 몰라요. 근데 "얼만데, 얼마

중에?", "그게 맞냐?" 뭐 방송에서는 10억, 10억, 처음에는 그런 이야기 나왔잖아. "그게 맞냐?" 그러면 저는 "사실 배·보상 금액에 관심도 없어서 솔직히 모른다"[고 했어요]. 진짜 지금도 금액 정확히 모르거든요. 그러면 못 믿어 해요. 그 사람들은 돈에만 관심이 더 많은 걸 수도 있어요. 우리는 아이도 있고 돈도 있으면 물론 좋지만, 지금은 '아이 목숨값으로 나온다'고 생각을 하니까 솔직히 관심 갖는 것조차도 아이한테 죄짓는 것 같애요, 저는. 저는 그래요.

그런데 학생들 같은 경우는 그 아이 꿈에 대해서 많이 물어봤고, 어떤 아이였나에 대해서 물어보고 그래서 그런 자리가 편하기도 하고 그랬었어요. 아예 작은 애들 보면 예진이 어릴 적 보는 것 같아서 슬프고, 좀 큰 사람들 보면은 예진이 미래가, 저런 미래를 못 봤다는 거라서 슬프고, 그런 차이예요. 그리고 동국대학교를(한숨), 동국대학교를, 멋모르고 여기저기 다 다닐 때 [갔는데], 거기는 동국대 학생들만 있는 게 아니라 주변에서 지식인들이 많이 왔었어요. 저랑 둘이 갔는데, 우리 세월호에 대해서 반감을 가진 사람들 있죠? 그 사람들이 와서 캐묻는데, 얼마나 나오면서 진땀을 뺐는지 몰라요. 그러면서 "이런 데는 우리가 올 자리가 아니라"고 "유경근 씨나 그런 사람들이 와야 된다"고 다짐을, 다짐을 [했어요]. 그때 나오면서도 다리가 후들후들 거리고 그랬던 기억이 있었어요.

면담자   어떤 질문이 특히 힘드셨어요?

예진 엄마   돈에 관한 거였어요. 또 우리가 "반정부적으로 한다", "정치 쪽으로 간다" 이런 이야기도 있을 때였거든요. 그거에 대해서 반대 심문이라고 느꼈어요. 너무너무 쫄고 무서웠었어. 제가 왜 동국대학교를 갔냐면, 그때 옆에서 가자고 한 사람도 있었지만, 우리 예진이가 대학교 탐방을 동국대학교로 갔더라고요. 돌 앞에서 사진도 찍고 그래서, 예진이가 갔던 곳이어서 한번 가보고 싶었어요. 그래서 갔던 건데 너무 무서웠어요, 원흥관인가 거기서 했는데.

면담자   무서웠던 분도 계시고 그러지 않았던 분도 있었을 것 같은데요?

예진 엄마   네, 대학생들은 아니었죠. 대학생들은 마지막까지 잊지 않을 거라고 힘내라고 같이 울어주고 그랬는데, 그 기억보다는 반대 입장에서 물어봤던 게 너무 셌거든요, 법률적인 용어 이야기 해가면서.

면담자   대개는 주최 측에서 그런 것을 제지하는데, 안 해주셨나 봐요?

예진 엄마   저희 엄마들 두 명하고 세월호 대책위 한 분이 따라가셨어요. 그때 [대책위 분이] 커버를[대신 답변을] 해주신 것 같애.

면담자   다양한 분들을 만나셨죠?

예진 엄마   다양한 분들을 [만났죠]. 전라도 쪽으로 갈수록 밑에 쪽으로 갈수록 저희한테 힘을 주고 이런 게 많더라고요.

면담자	전라도와 경상도는 다른가요?

예진 엄마   관심 있어서 불러주는 경상도는 괜찮아요. 그런데 경상도도 아니고 뭣도 아니고 서울이나 이런 데는 아무나 다 올 수 있는 자리, 그런 자리는 정말 무서웠고 갈 때마다 긴장되고 떨리고. 가족들이 가는 거는, 제 생각인지 모르겠지만, 약간 유가족 대표성을 띠고 가는 거잖아요. 그래서 말 잘못하면 크게 잘못될까 봐 이것도 쫄고. 정확한 인원 같은 거, 그때 당시에는 자세히 물어보고 다니고 그랬던 기억이 있어요. 요즘에 간담회는 많이 없어요. 교회, 제가 말씀드렸나? 예진이 때문에 교회는 못 나가도 기독교 부스에서 예배드리고 한다고? 교회 쪽에서 움직여 주시려고 노력하시고. 우리 불러서 예배도 같이 드리면서 간담회 비슷하게 편하게 이야기하는 자리, 이런 거 다니고 그랬죠.

면담자   예배를 보시는 이유가 무엇인가요?

예진 엄마   믿음생활 하세요?

면담자   아니, 저는 천주교 신자인데.

예진 엄마   왜냐면 목사님들 계실 때 누가 이렇게 물어봤어요, 지금 질문하신 것을. 그래서 제가 그랬어요. "저를 욕할지는 몰라도 저는 천국 가고 싶어서"(웃음), "천국 가야 우리 예진이를 만나서" 저는 그 이유로 나가게 됐다고 [대답했어요]. 아가씨 때는 믿음생활을 날라리로 했죠. 그러다가 결혼하면서 일요일이 너무 귀한 시간이라서 [교회] 간다는 자체도 시간을 뺏긴다고 생각을 한 거예요. 우리 예진이는 교회를 엄청 열심히 다녔거든요. 고등학교 가서도 열심히 다니고 그래서. 처음에는 원망하다가 엄마도 부르고 하나님도 찾고 얼마나 그랬을 텐데, 얘네들을 못 살려준 거에 대해서 원망하고, 믿음 생활하는 사람들 앞에서 "하나님이 뭐래" 이러면서 그 사람한테 따지듯이 그러다가 어느 정도 지나서, 예진이가 믿음 생활 했든 안 했든 죄 지을 틈이 없었던 애들이잖아요, 너무 짧은 삶을 살았으니까. 그래서 천국은 가 있겠고, 천국을 갈려면, 만나려면 나도 천국을 가야 되는데(웃음), 그런 계기로 나가게 됐어요.

4
도보 순례

면담자　　　어머니, 도보 순례를 두 차례 하셨는데요.

예진 엄마　　세 번 했죠. 팽목까지 완주했고, 광화문 두 번 갔고 그랬죠. 처음에 팽목 갈 때는 완주한다고 거창하게는 안 하고 '갈 수 있는 데까지 가보자' 이러면서 갔던 게 끝까지 가게 된 거고요. 광화문 갈 때는 억울함이 크니까 '다 같이 움직일 때는 움직여야 된다' 이런 생각을 많이 해서 그런 거는 다 했던 거 같애요.

면담자　　　팽목으로 걸어서 다시 가셨을 때, 느낌이 달랐을 것 같은데요.

예진 엄마   처음에는 몸만 힘들었어요, 몸만 힘들다가. 저녁에 같이 가는 완주 팀들이, 처음에 여자분들이 10명이 다 갔고, 남자분들이 6명이 갔나? 7명이 갔나? 처음부터 완주한 사람들이, 그분들이 없었으면 못 걸었겠죠? 처음에는 힘들기만 했어요. 힘들면 누워 있으면은 '너는 이거보다 더 힘들었을 텐데' 그러다가 잠들고, 너무 힘드니까. 그런데 진도 점점 가까워지니까, 목포 이런 데 가니까 그때부터 힘들더라고요, 마음적으로도. 우리끼리 가면서 "이렇게 걸어서 힘들지만 계속 걸어간다면 애들이 있었으면 좋겠다" 이러다가도 울기도 하고. 또 계속 음악을 틀어주니까 조용하면 다시 울고 그러면서 걸었던 거 같아요. 진도 도착하니까 생존자 가족들이, 아이들이 와서 박수를 쳐주는데(한숨), '우리 예진이[는] 저기서 [왜] 못 있을까?' 이런 생각을 하니까 또 눈[물] 훔치고 많이 그랬어요.

면담자   도보 순례 때 인터뷰 보니까 예진이 물건, 귀걸이 잃어버리셔서 찾았던 일화가 있던데요.

예진 엄마   여기가 아니고요(한숨), 정읍인가? 그럴 거예요. 가는 곳마다 잠자리가 다르잖아요, 교회에서도 자고 유스호스텔에서도 자고. 그날은 교회에서 잤는데, 침낭에서 잤단 말이에요. 처음에는 잃어버린지도 몰랐어요. 그런데 누가 노란 리본으로 된 귀걸이를 준다고 [하기에], "나는 그거 없어도 돼, 우리 예진이 귀걸이가 있으니" [그러고 보는데] 없는 거야. 미치겠는 거예요, 귀걸이 없으니까. 우리 예진이 잃어버린 것 같고 너무 짜증 나서, 올라가서 [새로] 한다고는 해도 어쨌든 잃어버렸잖아요. 진짜를 잃어버렸거든요. 그러다가 며칠 지났나 해서 그날도 침낭에서 자서 침낭을 딱 폈는데 거기서[거기에] 있는 거예요. 그래서 찾게 됐죠. 너무 좋았죠. 그걸 거예요, 아마. 페북에 올렸던 것 같은데.

면담자 　　신문 기사에 나왔어요.

예진 엄마 　　페북에 대한 걸?

면담자 　　아마 페북 보고 기사가 나간 것 같아요. 제가 페북을 못 해서.

예진 엄마 　　그랬던 것 같애요.

5
참사 후 관계 변화

면담자 　　어머니 지난번 구술증언 때, 초기에 같은 반에서 서로 감시하는 것에 대해서 이야기하셨는데요, 그때 어떻게 그런 활동을 하게 됐는지요?

예진 엄마 　　아, 그때. 우리 반 엄마도 나쁜 생각을 해서 진짜 조금만 늦었어도 일이 날 뻔했던 엄마도 있고. 또 맨 처음에는 단톡방이 우리 반이 아니라 전체[였어요]. 먼저 나온 애들 [부모님 중에서]

누가 초대가 돼갖고 들어갔는데, 그때는 누구 엄마, 누구 아빠 이런 거 모르잖아요. [전체 단톡방에] 몇 반 엄마가 "미안하다, 잘 부탁한다" 이런 내용이 있었어요. 그래서 자기들끼리 해서 집을 가니까 약을 먹고 있어서, 고대병원에서 위세척해서 살았던 엄마도 있고 그렇거든요. 그런 뒤로 엄마들이나 아빠들이나 연락이 안 되면, 예를 들어서 밴드[사회관계망 서비스]에, 우리 반 같은 경우 밴드가 있는데, 예진 아빠가 저한테 전화를 했는데 안 받아요, 카톡을 보내도 보지도 않아요, 그러면 밴드에다가 '우리 예진 엄마 어디 있는지 아시는 분' 예를 들어 이런 식으로 [올려요]. 다 나쁜 생각들을 많이 했으니까, 지금도 가끔씩 자살 충동 느낀다는 사람들이 많이 있으니까. 어쨌든 간 계속 감시 아닌 감시, 그렇게 되는 거 같아요.

면담자   초기인 5월부터 그렇게 서로 감시 아닌 감시를 하신 거예요?

예진 엄마   처음부터 그랬어요, 처음부터 계속. 그리고 저희 반 아빠, 혼자 아이 키웠던 아빠도 매일 술 먹었으니까, 그 후로. 온화한 분인 줄 알았는데 그때는 술 먹고 분향소에서도 난리 치고, 미치니까 그때는 그랬던 거죠. 그래서 그분도 누가 감시해 줄 사람도 없으니까, 그분도 서로서로 챙겨주고. "어디에 있다" 서로서로 그렇게. 지금도 많이 그래요, 움직이는 사람. 갑자기 더 힘들어서 아예 못 움직이는 엄마들도 있거든요. 그러다가도 또 기운내고 나오지만, 그런 분들 서로서로 연락하고.

예진 엄마 박유신

면담자   서로 챙기는 게 쉬운 일이 아니잖아요, 힘든 이야기도 서로 들어주기도 해야 되고. 근데 지속할 수 있는 계기나 힘은 어떤 것이었어요?

예진 엄마   통하니까요, 우리가 무슨 이야기를 해도. 예를 들어서 우리 ○○이 약을 지어주러 한의원에 갔는데, 한의원 쌤은 모르니까 "몇 학년이니?", "고1이에요", "혼자 키워요? 얘 하나에요?" 그러니까 "둘이에요". 원래 자식이 있으면 자식에 대해서 이야기가 많이 가잖아요[하잖아요]. "고1이고 고3이면…". 저는 예진이 있다고 이야기를 하거든요. 그러면 "얘 누나는 몇 살이에요?", "고3이에요" 그러면 "아이고, 애 둘 키우면 힘들겠네. 요즘 돈 들어가니까 힘들겠네" 해서, "키울 만해요" 이렇게 이야기를 하다가, "대학은 어딜 가요?" 자꾸 물어보니까 말을 못 하겠더라고요. 그래서 내가 팔찌를 보여줬어요. 그랬더니 "어머, 저 갑자기 소름이 툭 돋았어요" 그러는 거죠. 그분들한테는 무슨 말을 하면 소름 돋는 이야기고, 약간 다가가기 힘든 사람들이고. 우리가, 그 사람들 입장에서는. 그런데 우리 가족들은 "그날 장례식장에서 어땠어?", "얼굴이 어디가 멍들어 있었어", "깨져 있었어" 이런 얘기[도 편하게 해요]. 우리끼리는 그게 통하니까. 그런 이야기를 하다 보면은 옛날이야기, 어릴 적 이야기하다 보면 [위로가] 되는 거 같애요. 지금은, 내가 몇 번 말씀드렸지만, 우리 유가족들이 활동해 주시는 분들이 피를 나눈 형제들보다 더 가족 같애요, 정말.

지난주 일요일 날 우리 막냇동생이 대전에서 결혼을 했는데,

우리 ○○이 때문에 갔다 왔거든요. 저는 그런 자리에 가기 싫은 게 예진이만 없으니까 너무 싫잖아요. 그래서 안 가려고 하다가 얘 때문에 갔는데, 언니들조차도, 제가 딸 부잣집이거든요. 저는 한복을 안 입고 갔죠. 근데 동생 결혼식이니까 한복을 엄청 예쁘게 입었더라고요, 머리도 다 올리고. "유신아, 잘 왔어" 하는데 너무 꼴 보기 싫더라고요. 그 사람들 중에서 배지 단 사람도 한 명도 없고. 너무 그런 게 싫더라고요, 말이 막.

면담자   가족들이 걱정하는 이야기들도 하시잖아요.

예진 엄마   처음에는 많이 했어요. 저는 우리 예진이가 없어서 미치겠고 이럴 때라 전화 오면 안 받으니까 카톡이나 문자 같은 걸 보내는데, 제 바로 위 언니인 둘째 언니가 "유신아, ××가 어깨가 뼈가 어떻게 돼서 병원에 입원해서 언제 수술한대" 이런 게 온 거예요. 안부를 전해준 거죠. 그 언니 입장에서는 가족이니까 안부를 전해준 건데, 제가 답장을 보낼 때는 "죽은 사람도 있는데, 죽어서 못 보는 사람도 있는데, 그까짓 거, 뭐" 이런 식으로 보내고 이러니까 연락이 안 오더라고요. 제가 그렇게 하니까 언니들이 우리 신랑한테 문자나 전화 같은 거 하면 "예진이 엄마한테는 전화하지 마시라"고 "연락할 때까지 하지 마시라"고 "그게 도와주는 거라"고 그러니까 안 하고. 그러다 보니까 연락도 없어지고 뜸해지고 아예 안 하다가 동생 결혼하는 바람에 한번 봤죠.

6
참사 후 ○○의 상황

면담자　　　○○이 때문에 결혼식에 참석하셨다고 하면 ○○
이가 가고 싶어 했어요?

예진 엄마　　　그런 것도 있고. 제가 아는 분이 우리 가족 세 명을
기분 전환해 준다고, 서울에서 하는 외국 팝 가수 콘서트를 가재
요. 그래서 가족끼리 갔는데 우리 ○○이를 데리고 갔어요. 귀찮
아하는 애를 데리고 갔는데 "인사해" 그랬는데, 얘가 원래 착한 애
거든요. 근데 인사도 약간 공손하게 안 하고 그래서 짜증이 나서
이쪽으로 와서 "너 왜 그래, 엄마 너 착하다고 이야기하고 다니는
데" 그러면서 "왜 그래?" 그랬더니 "친척들도 못 만나는데요" 그러
더라구요. 제 생각에 '친척들도 못 만나는데 남들 만나서 왜 인사를
하냐'는 것 같더라구요. 이번 추석 다가올 때쯤, [원래 명절 때] 저희
집에 항상 모이다가 그런 모임도 없어지고 그러니까 그랬나 봐요
[마음이 안 좋았나 봐요].

　　그러면서 "삼촌들이랑 어떻게 잘 지내나요?" 그러니까[그렇게
묻기에] "잘 지내겠지, 왜 보고 싶어?" 그러니까 "아니요, 그냥 궁금
해요" [하더라고요]. 그걸 몇 번 이야기했는데…. '얘가 그런 거에 대
해서 너무 스트레스를 받는구나' [생각했는데], 동생이 결혼한다고
그래서 "삼촌 결혼하는 데 갈래?" 그러니까 "네, 갈게요" 그래서 "가
자" 했죠. 예진 아빠한테 이야기했더니 "그래, 그럼 가", 자기는 "밖

에서 기다리고 있는다"는 거예요, 안 들어가고. 그래서 알아서 하라고 그러고 갔는데 들어갔죠. 가족사진 찍는데 저는 빠지고, 너무 싫은 거예요.

그리고 주례할 때도 "아이 많이 낳고 행복하게 살고…" 이런 게 나오잖아요. 우리 ○○이 있는데 "낳아서 열심히 키우면 뭐해, 물에 다 빠지는데", 애 있는데 그런 소리가 [나오더라고요]. "엄마, 그러지 마세요", "맞잖아. 엄마가 틀린 소리 했냐" [하고] 박수도 안 쳐지는 거예요. "엄마, 박수 치세요" 그래서 "아, 냅 둬. 엄마가 치고 싶으면 칠 거야". 그런 식으로 있다가 왔어요. 그래도 얼굴 보이니까 식구들은 좋았는지 카톡도 오고 그러더라고요.

면담자   ○○이 담임선생님께 편지 보냈다고 이야기하셨잖아요?

예진 엄마   예, 고등학교 선생님한테.

면담자   편지를 보내야겠다고 생각하셨던 계기가 뭐였어요?

예진 엄마   왜냐면 4월 16일 이후로 중학교 때 바로 애들 상담하는 그런 교실[상담 프로그램]이나 선생님들이 오셨었나 봐요. 그런데 애가 세월호 유가족인 거를 드러내고 싶어 하지 않는데, 그 아이들 단체로. 우리 아들이 다니는 □□중학교에 세월호 유가족 형제자매들이 굉장히 많았어요. 걔네들 상대로 상담도 해주고 바람 쐬준다고 어디 데리고 가고 이러는데 딱 도드라지잖아요. 그러니까 애는 "아예 가지를 않았다" 하더라고요, 학교 선생님이. 저한테도 이야기할 때 "○○이도 같이 이야기했으면 좋겠는데 안 하려고 그런다"고.

면담자 　　수업 중에 따로 프로그램이 있었던 거예요?

예진 엄마 　　갔던 아이들 엄마들 말로는 드러나게 했다고 하더라고요. 우리 ○○이는 "너 그런 데 갔어?" 그러니까 "아니요, 저는 안 갔어요. 저는 가기 싫어요" 그래서 억지로 가라고 안 했거든요. 그리고 자꾸 물어보니까 애들이 또 스트레스인 거예요. 그 생각만 해도, 그 일 있었다는 것만으로도 짜증이 나는데 자꾸 곱씹게 하는 게 있었다 하더라고요. 우리 ○○이는 안 갔는데, 그런 이야기를 듣고 나서 "안 간다"고 그래서 "그럼 가지 마라" 했어요. 그러다가 고등학교를 갔거든요. 그런데 고등학교에서도 비슷하게, 얘가 세월호 유가족인 게 너무 확 드러나면 그걸로 인해서 스트레스받을까 봐, 그래서 편지를 썼던 거죠. 물론 선생님은 알고 계시잖아요, 알고 계신데 그냥 멀리서만 표 안 나게만 지켜봐 달라고.

면담자 　　선생님이 알고 계신다는 건 기록 같은 것이 진학할 때 따라가는 거예요?

예진 엄마 　　있지 않을까요? 저는 있다고 생각하는데요. 왜냐면 학교에 세월호 아이들 상담하는 코너라고 그 장소가 따로 있는 게 아니라요, 우리 애들[희생 학생의 형제자매]도 진로 상담하러 간다고 가면 자연스럽게 [세월호에 대해] 접근해서 해준다고 하더라고요. 그분[예진이 동생의 담임선생님]이 하는 소리가 "여기에 [희생 학생의 형제자매] 네 명이 있다"[고] 이야기를 하던데요.

면담자   어머님이 이야기하지 않아도 담임선생님이 미리 아
셨던 거예요?

예진 엄마   그냥 아실 거 같다고 생각을 했어요. 그래서 전화 왔
을 때 한 번 그런 이야기를 했고. 어떻게 알 거라고 생각을 했는지
모르겠는데 알 거라고 생각을 했어요. 그래서 제가 먼저, 혹시라도
그거로 인해서 얘가 또 힘들어할까 봐, 아예 멀리서만 관심만 가져
달라고, '어떻게 생활하나' 그랬었죠.

면담자   예진이를 찾은 날이 ○○이 생일날이었다고요?

예진 엄마   생일날이었어요, 4월 22일 날. 그래서 올해 생일날
은 아예 ○○이 생일은 까맣게 까먹고, 며칠 전부터 예진이 생각
으로 머리가 온통 가득 차서, 지난 다음에 알았죠. 미안해서 "너 생
일이었어" 그러니까 "네, 알아요" 그러고 말더라고요. 그래서 기 좀
살려주려고, 말씀드렸나? 기 좀 살려준다고 간식을 싸줬더니 집에
와서 "아, 그런 걸 왜 하셨어요" [하더라고요], 좋아할 줄 알았더니.
얘는 드러나는 거 싫어해서, "왜?" 그랬더니 "○○이 어머님이 너
희들을 위해서 ○○이 생일이라 이렇게 해주신 거다" 해서 박수를
쳐줬대요. 그런 것조차도 싫어하는 거야, 이목이 집중되는 거를.
그런 앤데 자기가 세월호 유가족이라는 거를 알리고 싶겠어요? 〈비
공개〉

면담자   그래도 결혼식 이야기 들어보니까 얘기는 잘 하는 것 같은데요?

예진 엄마   아니, 잘 안 하는데 그런 건 했네요. 속 이야기 잘 안 해요, 내가 원하는 속 얘기는. 어디 [세월호 참사 관련 활동] 가고 하면은 솔직히 엄마다 보니까 매일 밥 먹는 거 못 챙겨주고 이럴 때 제일 신경 쓰이거든요. 예를 들어서 그게 싫을 수도 있잖아요, 누나만 신경 쓰고. 다른 엄마들 이야기 들어보면 그러거든요, "질투를 한다" 하더라고요. 우리 ○○이는 괜찮다고 하는데, 진짜 괜찮아서 괜찮다고 하는 건지 나중에 터트려서 '엄마, 그때는 누나는 신경 쓰고 나 안 챙겨주지 않았나' 이런 거를 할 수도 있단 말이에요. 그런데 그런 것도 표현을 하나도 안 해요.

지난주 토요일 날도 청계[광장에]를 같이 가는데, 아빠랑만 가는데, 애만 혼자 남겨놓고 갔단 말이에요. 내려오면서도 미안해서 "○○아, 엄마 오늘 하루 종일 밥도 안 챙겨주고 미안해서 어떡해" 그러니까 "괜찮아요" 이러는데, 이게 정말 괜찮아서 괜찮다고 하는 건지 포기를 해서 괜찮다고 하는 건지, 정말 미안하거든요. 주말이면 예진 아빠랑 같이 움직이니까 못 챙겨주고, 주중으로도 애하고 시간이 안 맞으니까 못 챙겨주고 그런 경우가 많거든요.

제가 하는 소리가 "배달 음식이나 포장 음식 없었으면 어떻게 버텼을지 모르겠다"고. 설렁탕 같은 거 포장하는 식당 많이 있잖아요. 그런 거 포장해 놨다가 먹이고 그런 게 많았어요. 끼니 놓치는 거에 대해서 제가 좀 큰일 나는 사람으로 알고 살았었거든요, 우리 애들 끼니 놓치는 거에 대해서는. 근데 그걸 제대로 못 챙겨주니까 미안해요.

어제도 예진 아빠한테 그 소리를 했어요, 당직이어서 분향소 갔다 오면서. "아니, 예진이 너무 억울해서 하긴 해야 되는데, 큰일을 한다고 그런 게 아니라 그래도 그래야지 예진이한테 그나마 좀 들 미안해서 하는데, 그러다 보면 또 ○○이를 못 챙겨서 미치겠다"고. 남편이 하는 이야기가 "야, 주말에만 그러고 주중에는 더 챙기자, 서로가" 그런데 그게 안 돼요, 시간이 안 맞고 이러니까. 옛날에 간담회 다닐 때는 더 했죠. 지방으로 간담회 다닐 때는 아침 일찍 나갔다가 새벽에 들어오고 이러니까 너무너무 미안하고. 그런 게 마음이 왔다 갔다 할 때가 많아요. 나중에 커서 아까 말씀드린 것처럼 '엄마는 누나만, 누나 일에만 그렇게 하지 않았냐' 이렇게 말할까 봐.

그것도 그렇지만 지금 하지 않으면, 예진이 피켓 드는 것도 지금 하지 않으면 못 하는 거고. 지금 그나마 많이 잊혔다고는 하지만 그래도 움직여 주시는 분들도 많이 계시고, 그럴 때 같이 해야지. 이것도 못 하면은 더 한이 될 것 같아서 하긴 해야 하겠는데, ○○이 못 챙길 때는 그것도 짜증이 나고 그래요, 사실. 마음이 맨날 왔다 갔다 해요. 그래서 가끔씩 술 먹었을 때 ○○이한테 "○○아, 우리 억울하고 그러니까 응, 열심히 더 잘 살자" 이러면 "네" 그러긴 하는데, 개는 엄마의 술주정으로 생각하겠죠. 내가 막 울면서 "○○아, 우리 억울하니까 더 열심히 더 잘 살자".

예진 엄마 박유신

부당한 공권력

면담자   어머니 기사 중에 경찰 폭행에 대한 부분이 있던데요.

예진 엄마   국회에서요?

면담자   국회인 것 같더라고요, 예.

예진 엄마   저는 몰랐어요. 그때 국회 들어갈 때, 잘 못 들어가게 통제할 때였어요.

면담자   8월? 9월?

예진 엄마   8월이 아니고 7월? 8월? 아무튼 더울 때였어요. 8월인지 정확한 기억은 안 나는데. 그때 문이 열리고 [아니] 닫히고 국회위원들도 못 들어가고 할 때였거든요. 우리 안산에 부좌현 의원도 국회위원인데도 못 들어가게 하더라고요, 앞에서 그 경찰들이. 그때 김[현] 의원님도 계시고 했는데, 어떻게 해서 문이 요만큼 열린 상태에서 국회의원 들어갈 때 가족들이 왕창 묻어서 들어갈 때가 있었어요. 그러니까 엄청 몸싸움이 심했어요. 어제 주무서서 먼저 들어가셨던 분들, 아빠들은 저쪽에 있고 엄마들은 애들 때문에 왔다 갔다 해야 되니까. 그 와중에 저희 반 엄마랑 같이 둘이 경찰하고 싸우다가, 몸싸움하다가 확 뒤로 넘어가서 울고 있는데, 뒤에서 주먹질을 하고 있었나 봐요. 주먹으로 때린 게 아니라 사진 찍혀갖고 페북에 또 돌았던 거죠. 아, 그 모습을 보니까 더 짜증 나더라고요. 너무 짜증 나더라고요. 얼굴은 다행히 가리고 있는데 뒤에서 (주먹으로 때리는 시늉을 하며) 이렇게 하니까. 어디에서 "이분이 어머님 맞으시냐?"고 [해서] 봤더니 전 거예요. "무슨 상황이냐?"고 물어보시더라고. 그래서 이런 상황인 거를 이야기를 해줬죠. 그거였어요, 직접적으로 때린 건 아니고 몸싸움하다가.

면담자   때리는 시늉을 하는?

예진 엄마   예, 뒤에서 경찰들이.

면담자   왜 그런 거예요?

예진 엄마   그러니까요. 그것도 웃으면서 그랬다고 페북에 돌고 그랬었어요. 그 경찰은 조사를 받았다는 둥 아무튼 그랬었어요.

면담자   아무래도 집회 시위할 때 경찰 보시면 어렵지 않으세요?

예진 엄마   무섭죠. 무서운데, 4월 18일 날도 엄청 컸잖아요. 그래서 저희가 일찍 잡혀 들어갔거든요. 우리 가족들이 오려는 걸 못 오게 하고 시민단체 분들이 오려는 걸 못 오게 하고 차벽 치고 그러는데, 차벽을 못 치게 하는 과정에서 몸싸움이 난 거예요. 근데 우리 반 같은 엄마가, 저는 이쪽에 있었는데, 경찰들 여러 명한테 [둘러싸여서] 팔다리 못 움직이게 한 상태에서 몸부림치는 걸 보니까 내가 확 돈 거예요. 그 언니 구하러 갔다가, 저는 등치가 있으니까, 다른 경찰들이 한두 명이 더 붙었나 봐요. 막 몸부림치다가

예진 엄마 박유신

질질 끌려간 거죠. 무섭기는 한데, 무서운 것보다 분노가 더 세더라고요. 자식일 아니고 그렇게 분하지 않으면 어디 그렇게 경찰들이 방패 들고 있는데 방패를 이렇게 흔들겠어요. 분하니까, 어떻게 하지를 못하니까 그렇게 되더라고요. 여기서 만났던 엄마도 광화문에서 보면 다 변한다고. 경찰들이 그렇게 만들어요. 거리로 길로 나가게 만들고 그러더라고요. 그냥 간다는 것도 못 가게 하고 이러니까. 상식적으로 이건 아닌 것 같은데 그러니까, 분하니까. 처음에는 딱 맞닥뜨렸을 때는 정말 무서워요. 근데 그럴 때는 분노가 더 앞서기 때문에 무서운 게 없어서 그랬던 것 같애요(한숨).

면담자　　　1년 동안 돌아보면 가장 화났던 일이나 화나게 한 사람이 있어요?

예진 엄마　　화났던 거. 많고 많은데, 광화문에서 화날 때 많았어요. 진짜 화나는 게 광화문에서 종로경찰서 경비과장인지 하는 사람이 마이크 [대고 말]하는 것 자체도 또라이가 하는 것 같고. 광화문에서 집회할 때 인간 취급을 못 받는다고 그럴까? 우리 자식 보내는 것도 억울해 죽겠는데 그 조금 가는 것도 못 가게 하고. 우리 가족들이…, 올해였을 거예요. 광화문 현판 아래 길 건너 쪽에도 노숙하고 중간에 세종대왕상 앞에서도 노숙하고 뿔뿔이 흩어져서 노숙할 때도 있었거든요. 경찰이 거기 계속 돌면서 저희가 가방을 메고 아침에 들어가면 가방을 보자는 거예요. 그분들 옷이나 잠바나 이불 같은 걸 갖다줄까 봐 그걸 봐야 되겠다고 그래서 "아니, 그걸 왜 봐야 되냐"고 그러니까 "봐야 된다"는 거예요. 대한민국에서 내 나라에서 가방 하나 메고 가는데 그걸 보자는 것도 너무 웃긴 것 같았고.

면담자　　　원래 영장을 제시해야 되는 거잖아요?

예진 엄마　　그런 거 없어요. 페북에다가 나는 찍[어서 올렸]어, 그랬었고. 또 중국인 관광객들이 엄청 많잖아요, 그 사람들은 아무렇지 않게 다니는 거리를 세월호 유가족이라는 이유만으로 못 하게 [다니게] 하고. 또 화나게 했던 게 4월 16일부터 18일까지 [광화문] 현판 아래 있었는데, 화장실에 갈려고 하는데 첫날에는 말도 못 했고, 그다음 날도 화장실 간다고 하는데 원래 가던 데로 갈려고 하니까 "이쪽으로 오지 마시고 다른 쪽으로 가라"고 못 가게 해. 다른 분들도 가셨는데 못 가게 막아버리더라고요, 가지도 오지도 못하게. 경찰[들이] 몇 겹으로 쌓여서 그냥 있다가 너무 급하니까, 낮인데 대낮인데 경찰차는 여기 있고, "우리 여기 오줌 싸겠다" 그래서 아빠들이 잠바로 막아줘서 차 밑에서 볼일 보고. 그럴 때 굉장히 인간적으로 모멸감이라 그럴까? 이런 게 많았어요. 우리끼리 같이 있었으니까 그게 가능했지. 지금도 그거 생각하면 정말 수치스러워요. 4월 16일 날 밤에도, 그 조카 같은 애들 앞에서, 아빠들이 물론 이불 같은 걸로 막을 쳐줬지만 볼일 보면 소변이 흘러내려 가잖아요, 너무 급하니까, 쌀 수는 없으니까. 그럴 때 너무너무 짜증 난다기보다는 너무너무 수치스러웠어요, 사실은. '대한민국에서 볼일 보는 것조차도 마음대로 못 하나' 이런 생각. 그런 게 굉장히 어려웠어요.

면담자   초기에 청운동이나 국회에서 농성하셨을 때 기억나는 게 있으시면 말씀해 주세요.

예진 엄마   저는 청운동은 많이 안 갔어요, 국회에서만. 처음 캡사이신 쓰던 4월 11일 날. 그날도 경찰도 많고 사람도 많고, 진짜 압사하겠더라고요. 그 와중에 고등학생 여자애들도 내 옆에 있는 거예요, 애들이 좀 키가 작아. 나도 등치도 있고 키가 커도 다리에 힘을 주고 있는데, 애들은 어떻게 할지를 모르겠더라고요. "여기 애들이 있다" 그래도 "학생이 있다" 그래도 신경도 안 쓰잖아요, 물론 들리지도 않겠지만. 그래서 애들 보고 막 울었던 기억이 있어요, 애들 보고도. '애들이 무슨 죄가 있나?' 그 많은 애들도 어른 잘못으로 왔는데, 애네들은 그래도 자기 생각을 갖고 온 애들인데 이리 밀리고 저리 밀리고. 진짜 거기서 넘어지면 밟혀 죽일 판이니까. 앞으로 밀려나고 뒤로 밀려나고 내가 숨도 못 쉴 정도로 답답한데 애네들은 얼마나 힘들겠어요. 그래서 애네들을 엄마들이 내보내 준 적이 있거든요, 밖으로. 그 인파 속에서 나가게. 그때 너무너무 가슴이 아파서 엄마들 다 울었어요, 애네들 밖으로 나가게 해주면서. 얼마나 무서웠겠냐 말이에요, 애네들은. 다시는 자기들 생각 갖고 이런 장소에 안 나올 것 같더라고요, 죽을 것 같으니까. 우리야 새끼 잃으니까 악에 받쳐서 했지만 애네들은 처음 온 애들일

수도 있고, 진짜 여리여리한 여학생들이었거든요. 그때는 잊을 수가 없어요. 엄마들이 다 울었어요, 속상해 갖고 너무 속상해 갖고.

면담자 그때 끝나고 나서 많이 입원했다고 들었는데, 어머님 몸은 괜찮으셨는지요?

예진 엄마 사실 아프긴 아팠는데 참을 만했어요. 참을 만했는데, 제가 경찰한테 저항하다가 들어갔는데 나를 잡아간 그 여경은 내가 자기를 (손바닥으로 때리는 시늉을 하며) 이렇게 해서, 나는 몰랐어요, 옆에 그 여경이 진술을 하는데 저에 대한 이야기를 하는지 몰랐어요, "이렇게 들어서 때렸다"고 하는데 제가 때렸다는 거예요, 나는 저항하는[한] 것밖에 없는데. 그래서 저항하다가 맞았으면은 그럴 수 있어요. 근데 다 잡힌 상태에서 내가 어떻게 따귀를 때리냐고. 내가 때렸다는 거야. "묵비권 하라" 그래서 말을 안 했는데, 나중에 나와서 변호사님한테 이야기를 했어요. "내가 때렸다"고 하더라. 나중에 계속 그러면 CCTV 있으면, 걔네들 다 찍잖아요, 있으면 그거 보여달라고 하면 되니까 그건 문제가 안 된대요. 근데 인제 그 도로집[도로점거에 의한 집시법 위반]… 그 법으로 들어간 게 아니라 폭행으로 나를 [고발]했다고. 그러니까 어디라도 아프면 입원을 하라고 주변에서 그러더라고요, 참을 만은 했는데. 솔직히 갔다 오고 나면 여기저기 아파요, 그날은 유독 멍도 좀 들고 했더라고요. 멍 같은 것도 어디 부딪치면 들 수도 있는데, 혹시 몰라서 병원에 한 6일? 7일? 입원했었죠.

면담자   폭행으로 한 거면 이후에 다시 조사를 하겠죠?

예진 엄마   그래서 올 거라고 했는데 아직은 안 왔어요. 얼마 전부터 그때 집회에 참여했던 사람들이 몇몇이 경찰서에 불러서 갔다 오기도 해서 '나도 그러겠구나' 했는데 아직 안 왔어요.

8
진상 규명 활동 시작

〈비공개〉

면담자   어머니는 언제부터 활동을 시작하셨어요?

예진 엄마   100일 전에. 반별로 정해서 전국으로 서명 투어를 갔잖아요. 그때는 서명 투어를 2박 3일인가? 3박 4일 갈 때는 서명 [투어]에 참여를 못 했어요. 그렇게 몇 박 며칠로 하는 거는 못 했고, 토요일 날 지방으로 갔다가 오는 거 그런 거는 참여했으니까. 그때가 언제지? 6월 달부터 지방에 반별로 서명을 받으러 다녔던 것 같애요. 반별로 다녔을 때부터 100일 때까지, 그때는 서명받는 게 많았으니까요. 피켓, 서명받는 게 많아서 그렇게 하다가, 100일 때 지나고 나면 힘들어 갖고 한 2주, 3주를 꼼짝 않고 우리 집에만 있었죠. 그러다가 추석되기 직전, 그때 추석이 9월 초였던 것 같애요. 추석 바로 직전에 광화문에서 무작위로 "어떤 엄마가 나와서 이야기 좀 하라" 그래서 하게 되면서 예진이 이야기를 하러 다닌 거죠.

면담자　　　　혼자서 2, 3주 동안 집에 계셨다고 했는데 어떻게 지내셨는지요?

예진 엄마　　그 이야기 많이 했어요. 술만 먹었어요 정말, 너무 힘들어서 [죽고 싶더라고요]. 근데 주변 엄마들이 자살하면 천국 못 간다고 이래 갖고(웃음), 핑계겠지만 그래서 [예진이 보고 싶어서 참 았어요]. 정말 너무 힘들더라고요. 광화문에서 100일 때 그런 일이 있고 나서 내가 몸으로 힘든 것보다 예진이 생각으로 연결되니까 너무 힘들어서. 우리 아들이랑 신랑이랑 밥만 겨우겨우 해주고. 그때는 [안산]시에서 반찬 같은 것도 조금씩 주고 그랬어요. 그런 거로 밥 챙겨주고 술만 먹었던 것 같아요. 계속 술 먹었다 깨면 또 술 먹고, 너무 힘들어서. 우리 예진이 아빠는 갔다 오면 그게 싫었던 거죠. 본인도 힘들 텐데 마누라가 그러고 있으니까 얼마나 힘들겠 어요. 맨날 술 먹었던 기억밖에 없었던 것 같애요.

면담자　　　　100일 때 일이라고 하면 어떤 일이요?

예진 엄마　　시청 앞에서 추모문화제를 하고, 서울 지리를, 광화 문 그런 지리를 잘 몰라서, 광화문으로 간다고 해서 저는 다 행진 한다고 그러니까 행진하나 보다 그랬는데, 행사 시작하고 얼마 안 있다가 비가 몇 방울씩 떨어지기 시작하더니 행사 거의 끝날 때쯤 에는 비가 굉장히 굵어졌어요. 그런데 광화문으로 간다고 하니까 경찰들이 막더라고요. 그때부터 경찰들하고 대치하는 걸 처음 경 험했어요, 제가. 막 대치하고 이런 거를. 아니구나, 국회에서 한 번

했구나. 아무튼 가려고 하는데 못 가게 막고 하더라고요, 차로도 막고. 그런 와중에 우리 반 아이 동생이 없어졌다고 그래서 또 난리, 난리 하는데 그 주변에서 다행히 찾았는데, 그러고 앞으로 가는데 쟤들이 이쪽 건너편으로 와서 아예 오도 가도 못 하게, 경찰들이 차벽이며 해서 삥 둘렀단 말이에요.

그런데 비가 엄청 많이, 진짜 많이 왔어요. 천둥, 번개 치고 그랬었거든요. 그런데 힘들더라고요, 춥고. 그때가 7월 24일이었을 거예요, 100일째 되는 날에. 너무 힘들어서 있는데, 우리 예진 아빠도 옆에 있었는데 무섭더라고요. 너무 큰 번개, 큰 천둥소리가 무섭기도 했는데 예진이 생각이 나는 거예요. '땅에서 천둥, 번개 치고 사람들이 이렇게 많고 신랑이 옆에 보호자로 있는데도 이렇게 무서운데 우리 예진이는 배 속에서 얼마나 무서웠을까' 이 생각을 하니까(한숨) 미치겠더라고요. 그래서 새벽 4시, 5시 그때쯤 "해산하자" 이런 거 없이 다들 도망치듯이, 너무 힘드니까, "안산 가는 버스 있대" 그러면 도망치듯이 타고 내려왔거든요.

그날부터 예진이 생각하니까 너무 힘들더라고요. '예진이 얼마나 무서웠을까'. 그 전에도 그런 생각을 했지만 광화문 갔다 오고 나니까 너무너무 힘들었어요. 동영상을 보면 애들이 한 자세로 오래 있었다는 게(한숨), "다리가 너무 아파" 이런 말이 들리거든요. 그 공포스러운 분위기에서도 한 자세로 있었다는 거예요, 한 시간 넘게. 그 생각을 하면, 우리가 사실 운전하고 가다가도 잠깐 어디 부딪칠 만하면 간담이 서늘할 때 있잖아요. 근데 그런 거를 '우리 애는 몇 시간 동안 겪은 거 아닌가' 이 생각을 하니까 너무 힘들더라고요. 다 귀찮고 다 싫고 그랬어요. 그래서 못 움직였죠.

면담자　기사 중에 식탁에 약이 있었다는 이야기가 있던데요.

예진 엄마　예진이?

면담자　아니요, 어머님께서 화나거나 이럴 때 드시라고 했던 약이 있었다고 기사에 상세하게 나와서요.

예진 엄마　저희 도보할 때 팽목 걸어갈 때 좋으신 분들이 많이 오셔서 다리 아프니까 침도 놔주고 한약도 주고 이랬는데, 상담해 주시는 분들도 오시니까 우리가 "분노 조절이 잘 안 되고 자살 충동을 많이 느낀다" 이런 이야기도 많이 했단 말이에요. 당연하죠, 자식새끼들 보냈으니까, 억울하게 보냈으니까. 그래서 그런 한약을 지으신 거예요. "화나고 이럴 때 먹는 약이다" 했는데 집에 가져왔죠. 갖고 와서 식탁에다 놨는데 어느새 찍었더라고요. 아마 ○○이가 찍었나 봐, 몰랐어요. 근데 그거를 먹어보진 못했어요. "힘들 때 싫어도 트라우마 치료도 해야 된다", "정식으로 선생님들하고 상담도 해야 된다" 그러는데, 저는 지금도 그런 모습조차도 미안해요, 예진이한테. 나 살겠다고 나 힘들다고, 힘들면 예진이만큼 힘들겠어, 내 딸만큼 힘들겠어? 그것조차도 죄스러워 갖고 못 하겠어요.

　언젠가 수요일마다 재미있게 교육시켜 주는 분이 계셨어요, 단기적으로 끝났지만. 그분 중에서 한 분이 "자책하지 말고 버텨야지, [그게] 아이를 위한 거"라고 그런 말씀을 하시더라고요. "여러분들이 산증인"이라고, "여러분들이 아프고 이래서 잘못되면 저 위에서 좋아할 거라"고 그런 말씀을 하는데 그 말들이 와닿더라고요. '아, 맞아. 버틴다면 우리 예진이 위해서 버틴다면[버티려면] 먹는 것도 잘 챙겨 먹고 해야 되겠다. 힘도 내야 되겠다'. 그런데 그것도 수시로 마음이 변하기는 해요. 이게 됐다가 어떨 때는 미안해서 못 하겠다가 마음이 매일 왔다 갔다 하는 것 같애요. 어떤 때는 "내일은 뭐 해 먹지", "예진 아빠, 내일은 뭐 해?" 이런 날이 있는가 하면, 어느 날은(한숨) '밥 그거 못 먹으면 어때. 우리 예진이는 1년 넘게 밥도 못 먹었는데' 이런 생각이 들 때도 있고. 마음이 항상 똑같지가 않아요, 수시로 바뀌고. 내일모레 수능인데 그런 날 다가오면 더 그런 생각이 들고, 더 미안해서.

면담자   수시로 기분 바뀔 때, 이야기하거나 푸는 방법이 있으세요?

예진 엄마   (한숨) 저는 술을 자주 먹어요, 안 좋은 걸 아는데. 그리고 저희 집이 4층이거든요. 제가 분노 조절을 못 한다고 느낄 때가 뭐냐면, 예진 아빠랑 집에 있다가 물론 ○○이는 없을 때죠. "여기서 뛰어내리면 한 방에 갈 수 있을까?" 그러면 뭐래는 줄 알아요? '그러지 말고 그래도 우리 열심히 힘내서 살자' 이 말을 듣고 싶어서 하는 건데 "야, 거기서 뛰어내리면 죽으면 다행이게, 옆에 있는 사람 고생시키거든" 이래요. 그러면 또 짜증이 나는 거예요. "말을 그렇게밖에 못 하냐"고 그러면서 또 싸우는 거예요. 옛날 같으면 농담으로라도 내가 '그렇지?' 이렇게 할 텐데 그게 싫은 거예요. 옆에 있는 사람 고생한다는 건 자기 고생스러울까 봐 뛰[어내리]지 말라는 소리잖아요. 나는 진심으로 그런 마음이 들어서 물어보는 건데, 그럴 때는 확 짜증이 나서 또 싸우고(웃음)(한숨).

9
고마운 사람들

면담자　　지난 1년 동안 어머니께 위안이 됐던 일이나 사람이 있으세요?

예진 엄마　　다 그럴 거예요. 우리 가족들, 우리 유가족들하고. 솔직히 저희는 우리 닥친 일이지만, 옆에서 도와주시는 분들은 안 해도 그만이에요. 근데 저희 가족들보다도 더 열심히 해주시고 이런 사람들 보면은 너무너무 감사하고 감동받고. 여기 분향소에도 천주교 미사 드리는 부스가 있는데, 거기는 매일매일 미사를 드려요. 근데 한 번도 안 빠지고 오시는 분이 계신다 하더라고요, 그런 분들도 너무 감사드리고. 지리산 그쪽에서도 릴레이로 우리 304명을 위해서 기도해 준다는 말 들어도 너무너무 감사하고, 많아요. 리본 하나 다는 거만 봐도 우리 편인 거 같아서 사진 찍고.

안산에서도 우리 금요 피케팅할 때, 그분들은 참사 나면서부터 계속 목요일 날 했다 하더라고요. 제가 안산 무섭다고 그랬잖아요, 알면서도 솔직히 가보지도 못했어요. 우리가 피케팅을 금요일을 한다는 걸 알고 그분들도 금요일로 옮겨서 같이 하는데, 정말 한 번도 안 빠지고 계속 와주세요, 그분들도 너무너무 고맙고. 그래서 "제 피를 나눈 형제들보다도 더 좋다"고 그래요. 이모들이고 그러면 자식이나 똑같은데 엄마나 똑같은데, 작은 건데, 내가 간다고 그러면 리본이라도 하나 달아주는 센스랄까? 그런 것조차도 없고 남의 일처럼 생각한다는 걸 느껴요. 그런 분들이 정말 고맙고 감동받죠.

어제는 교육청 피켓 가느라고 분향소를 갔거든요. 아침에 화물차에 노란 리본이 붙어 있는 거예요. 그래서 사진을 이렇게 찍었어요. 가족들 보여주려고 찍었는데 그 차가 분향소로 들어가는 거예요. 딱 내려서 봤더니 류인경 쌤이라고 그 앞에서 피켓 드시는 분 계시잖아요. 그래서 "어머, 쌤이었어요. 너무 반가워서 뒤에 쫓아오면서 사진 찍었는데" 그러니까 "그러게요. 어디서 많이 본 놈이죠"(웃음) 그래서 "네" 그랬거든요. 그런 분들도 너무 감사하죠. 저렇게 혼자 꾸준히 해주시는 분도 계시고. 또 임영호 쌤도 너무 감사드리고. 그분은 작년에 우리 애들 영정 사진 들고 방송국 가고 그럴 때, 우리 ○○이 때문에 거기 한참 있다가 새벽에 내려왔어요. 우리 새벽에 내려왔어요, 예진 아빠랑. 근데 그날도 안개가 좀 꼈는데, 그냥 차를 잡았는데 그 차가 임영호 쌤 차인 거예요. 지금 우리 애들 생일 챙겨주고 하시잖아요. 그분이 거의 안산 다 와서 명함을 주시면서 "저도 지금 같은 또래 아들을 키우고 있고요.

139
·
3회차

저도 너무 아픕니다" 하면서, "무슨 힘들 일 있을 때 이동할 일 있으면 연락을 주세요. 저도 잊지 않고 움직일게요", 그분이 그게 계기가 됐다 하더라고요. 그분을 봐도 너무 감사드리죠. 정말 고맙고 마음만 있어도 못 하는 분들 많잖아요, 그런데 그렇게 해주시고. 일일이 고맙다 말은 못 해도 너무너무 감사해요, 그런 분들.

면담자　　　방송국에 영정 사진 들고 간 일을 설명해 주세요.

예진 엄마　　　그때 KBS 고위층에 있는 사람[김시곤 보도국장]이 "304명 희생된 사람들, 1년에 교통사고로 죽는 사람이 그것보다 더 많다" 이런 식으로, "이런 죽음은 아무것도 아니다" 이런 식으로 보도를 냈었어요. 그래서 저희가 항의 방문차 KBS 방송국 앞에서 애들 사진 들고 갔었던 거죠.

면담자　　　사진을 들고 갔던 이유가 따로 있는지요?

예진 엄마　　　글쎄, 그때는 '우리 애들 앞에서 한번 해봐라. 한번 다시 해봐라' 이런 생각이 있었던 것 같아요. 그때도 가족들 중에서도 "그래도 그건 아니다, 어떻게 사진을 빼 갖고 가냐" 막 왈가왈부, 그래서 그냥 간 사람도 있고.

면담자　　　분향소에 있는 사진을 가지고 가신 거예요?

예진 엄마　　　예. 나는 사진이 있으면 나쁜 거 보지 말라고 사진을 예진이가 내 쪽을 보게 했거든요. 그랬더니 우리 예진 아빠가 "사진 그렇게 드는 거 아니야" 또 어디서 들었는지 그러더라고요. "그래?" 그러고 (사진의 방향을 돌리는 동작).

면담자   이렇게 들면 안 되는 이유가 뭐라셨어요?

예진 엄마   안 된대요, 어서 들었는지 모르겠어요. 근거 없는 소
리 같은데 안 좋은 건 또 [안 하는 게 좋을 거 같아서] "그래" 그러고 바
로 또 돌려서. 저는 "이 세상 이런 꼴 보지 마라, 예진아" 그러고 이
렇게 안은 거거든요, [그런데] "사진 그렇게 드는 거 아니야" 그래서.

면담자   그때는 아버님이랑 같이 움직이신 거예요?

예진 엄마   예, 같이 갔다가. 지금은 내가 늦게도 가고 광화문
에, 지방 갔다가 새벽에 들어오고 이럴 땐데[이러는데], 그때는 그렇
게까지 안 할 때였거든요. 그리고 애들만 두고 장시간 어디 나가고
이런 거를 안 했었거든요, 예진 아빠랑 저랑. 데리고 가면 오래 있
어도 애들만 두고는 그런 적이 없었는데, 5월 그때 8일인가 그랬을
거예요. 그런 적이 없어서 너무너무 걱정이 돼갖고. 근데 다른 분
들은 아이도 데리고 온 집도 있더라고요. '차라리 나도 데리고 올
걸' 그러면 이렇게 같이 있으니까. ○○이가 집에 [혼자] 있어서 너
무 걱정이 돼갖고 새벽에 둘이 택시 타고 오는데, 그 차가 임영호
쌤 차였던 거죠.

면담자   인연이 깊네요.

예진 엄마   그러니까요. 감사했어요.

10

참사 후 변화, 삶의 목표

면담자   어머니, 지난 1년 동안에 여러 가지 활동하고 경험하
고 하는 과정에서 스스로 변화된 점이 있다면 어떤 것이 있을까요?

예진 엄마   크게 변화된 거는 없는 것 같아요. 처음부터 지금까
지 계속 답답하고 안 보이는 것하고 싸우는 것 같아서, 보이지 않는
아이들을 위해서 지금 싸우는 거잖아요, 억울하니까. 그렇기 때문
에 뭐 하나 할 때마다 장애물들도 많고, 하나하나 힘드니까 저 자신
도 크게 변한 거는 없는 것 같애요. 왜냐면 확 밝아졌다거나 생각을
확 바꿨다거나, 바꿔서 그게 쭉 가면 상관없는데, 이랬다 저랬다가
마음이 자꾸 바뀌고 하니까 크게 변했다고 생각은 안 들어요.

면담자   앞으로 남은 삶에서 반드시 이루고 싶다 하는 목표
가 있으신지요?

예진 엄마   목표…. 제가 핸드폰 프로필 상태 메시지, 거기다가
"정예진 엄마로 산다" 이렇게 해놨거든요. 제가 우리 가족들 앞에서
는 정예진 엄마잖아요. 그래서 제가 행동을 좀 잘못하면 "예진이 엄
마" 이렇게 말 나올 거란 말이에요. '제가 욕먹지 않아야 될 [행동을
해야지. 안 그러면], 우리 예진이까지 같이 욕먹을지도 모른다'는 생
각을 하게 돼요. 예진이한테 욕 안 먹이는 엄마가 되려고 하는 거고.
　　우리 ○○이 학교 선생님이 단톡방을 만들었는데, 내 전화번호

를 모르는 엄마들이 만약에 제가 댓글을 쓰면 '정예진 엄마로 산다, 분명히 정○○ 엄만데' 그러면 '이 엄마는 아들한테는 관심도 없는 엄마 아냐' 이렇게 생각될까 봐. [다시] "정예진 엄마, 정○○ 엄마로 산다" 이렇게 했어요. 그 학교에서는 저는 ○○이 엄마잖아요. 제가 나쁜 생각 한다고 그러면 사람들이 "○○이 생각해라. ○○이 불쌍하지 않냐" 그러는데, 지금 그런 생각은 많이 없애려고 하고 없었지만, "아무려면은 예진이보다 불쌍하겠냐, 그래도 살아 있는 애가 더 낫지. 저렇게 억울하게 간 애보다 더 불쌍하겠냐" 내가 이러면서 "○○이는 안 불쌍하다" 이런 소리 했었거든요.

지나고 나니까 변한 건 그거네요. 제가 ○○이를 좀 생각하게 됐다는 거. 그리고 예진 아빠한테 너무 매몰차게 하고 몹쓸 소리 했다는 거에 대한 미안함이 요즘에 많아요. 〈비공개〉 남편이고 애 아빤데. 가끔씩 내가 미치려 그러면 위로해 준답시고 하는 소리가 "나도 이렇게 힘든데 엄마인 너는 얼마나 그러겠니" 이런 소리 한 마디 하면, 그래도 독설 퍼붓던 게 "그래도 알아주기는 하네" 그랬었죠. 변한 점이 있다면 그거 같네요, 진짜. 예진 아빠 불쌍하게 보이고, ○○이도. 그 전에는 그 두 사람보다 내가 더 힘들다고 그랬거든요. 나처럼 이렇게 고통스러운 사람은 없는 거라고 생각을 했거든요. 근데 지금은 '그 두 사람도 얼마나 힘들까' 하는, 누나가 갑자기 없어지고, 딸내미 없어지고. '내가 이제 그러지 말아야 되겠다', 이런 생각은 많이 하죠. 그래도 제일 많이 보고 기억하고 할 사람들은 우리잖아요. 그래서 그런 마음을 많이 없앨라고.

면담자　　　　그렇게 두 사람이 다시 보였던 계기가 있었어요?

예진 엄마　　　예진 아빠가 당직을 하고, 내가 선잠 들어 있는 상태인데 우는 소리가 들려서 방에 들어갔더니, 저한테 "정신 똑바로 차리라"고 "정신 차려야 된다"고 맨날 그랬던 사람인데, 분향소에 당직 갔다 와서 울고 있더라고요. 아주 대성통곡을 하고 울면서 "너무 보고 싶다"고 그러면서 "보고 싶고 억울해서 환장하겠는데 답이 없다"고 막 울더라고요, 자기 가슴을 치면서. 그래서 내가 짜증을 냈죠. "나보고 정신 차리라고 하면서 자기가 그러면 어떡하라고". 그때 이후로 '너무 불쌍하다'는 생각을 많이 했고, 또 잠을 자고 있는 모습을 보면 너무 불쌍하더라고요. 오십도 안 돼서 열심히 애들 키우고 살았는데, 그때그때가 다 불쌍하고 그랬죠. 사실 그래요, 진짜 애만 있으면 되는데 애가 없으니까 미치죠.

　　우리 예진 아빠가 그랬었거든요, "애들 다 키워놓고 애들이 운전해 주는 거, 우리는 뒤에서 딱 타서 맛있는 거 먹으러 다니면서 그렇게 살자" 그런 이야기를 많이 했었거든요. 예진 아빠가 엄마가 일찍 돌아가셔서 가족들을 되게 생각하고 이러는 사람이거든요. 자기 거래처 사람들하고 맛있는 밥을 먹어도, 조금 멀어도 식구들 다 데려가서 먹이고, 주말에는 개인 약속도 별로 안 하고 가족 단위로 약속을 하고 그렇게 살았던 사람인데, 애가 한 번에 저렇게 가버리니까(한숨). 너무 불쌍하죠.

　　그리고 예진이에 대한 기대치가 컸어요, 우리가. 첫 손녀고 제일 큰애고 또 애가 잘 따라 했고. 우리가 신경 안 쓰게 했거든요.

학원 같은 것도 지가 가고 싶은 것 지가 알아보고 얘기해 주면 "그래" [하고] 믿는 편이었고, 제가 알아서 보내주고. ○○ 1학년 때 걔가 너무 내성적인 애라서, 처음에 중학교 들어가니까 남자애들이기 싸움이 있었나 봐요, 그래서 얘가 삥 뜯긴 거예요. 우리 ○○이는 삥 뜯겼다고 안 하고 나중에 알고 보니까 "빌려줬다" 하더라고요. 근데 그 당시에 돈 5만 원이면 애들한테 적은 돈 아니잖아요. 우리는 명절날이고 일주일에 한 번씩 용돈을 주면, 명절날에 돈 받은 것도 전 달라고 안 했거든요. 그냥 지네들 돈이니까 알아서 쓰니까. 그런데 아들이 현금이 많이 있으니까 그걸 학교에서 자랑을 했나 봐요. 그러니까 [그 아이들이] 집 앞에서 기다렸다가 와서 돈을 줬는데, 저는 몰랐는데 우리 예진이가 와서 그걸 알고 선생님 찾아가서 다 이야기하고. 그게 되게 믿음직했어요. 그러면서 "엄마는 학교도 자꾸 와봐야지 애들이 ○○이 무시 안 한다"고, "올 때는 예쁘게 하고 와야 된다"고, "세련되고 예쁘게 하고 와야지 ○○이 괴롭히는 애들이 ○○이 무시 못 하고 그런다"고 엄청 그러고. 아무튼 든든했던 딸이었어요, 정말 든든했던 딸이었어요.

11
진상 규명의 의미

면담자 　　　　어머니, 마지막으로 질문 하나만 더 드릴게요. 어머니가 생각하시기에 진상 규명은 본인에게 어떤 의미인지요?

예진 엄마   진상 규명. 저는 예진이한테 사죄할 수 있는 거, 그런 기회라고 생각을 항상 해요. 100프로까지는 아니더라도 정말 뭐 하나 바늘로 탁 건드려서 그 봇물이 터져버리는 게 분명 있을 거 같은데, 그래서 이렇게 작은 거라도 움직이고 싶고. 우리 조사신청서도 간 김에 하고 온 거거든요. 뭐라도 계기가 되면 될 거 같은데. 그래서 100프로는 못 되더라도, 내가 예진이를 지켜주지는 못했지만 진상 규명을 해서 책임자는 꼭 처벌하고 싶어요. 그래야지 예진이한테 진짜 엄청 미안하고 미안하지만, 그나마 바지 끝만큼이라도 미안함이 좀 없지 않을까. 저는 사죄하는 마음으로 그래야지[진상 규명을 해야지] 애들한테 조금이라도 덜 미안할 것 같은 그런 마음. 내가 살아 있을 때 그게 돼야 되는데, 주변에서 김빠지게(한숨) "우리 살았을 때는 안 돼" 이런 말을 할 때면 너무 미칠 것 같아요.

면담자   되게 해야죠.

예진 엄마   그런데 앞에 너무 거대한 게 있는 것 같은 [느낌이에요]. 답답하고 보이지 않는 싸움을 한다는 게 너무 힘들고. '삶을 위해서 생존권을 위해서 쟁취한다' 이런 거는 노래도 불러가면서 힘차게 할 수 있는 거지만, 우리는 그것도 안 되잖아요. 그때 광화문에서 이쪽은 농민들이 오서가지고 쌀 개방인가 때문에 민중가요 같은 노래를 부르면서 하는데(한숨), 나는 '저 사람들이 부럽다' [저 사람들은] 저렇게 하면서 힘을 받지만 우리는 추모 노래를 불러도 힘들고 뭐를 해도 힘들고. 예를 들어서 힐링해 준다고 어디 가서 힐링 체험을 한다 한들 그게 힐링이 되겠냐고요, 힘들지. 같이 못 가본 데 가면은 못 가봐서 힘들고, 같이 갔던 데를 가면 추억이 있으니까 힘들고, 다 그렇더라고요. 내가 목숨이 끝날 때까지 이렇게 한다고 생각하면 너무너무 속상하고.

우리 반 나이 젊은 엄마, 시연 엄마 젊잖아요. 내가 그랬어요. "시연아, 너는 나보다 더 불쌍하다야", "언니, 왜 그러는 거야", "나는 그래도 43살부터 아픔이 시작됐지만 너는 37[살]부터 아픔이 시작됐잖아. 나는 40살 때까지는, 42살 때까지는 이렇게 아픈 적은 없었어" 그러니까 "언니, 그것도 그러네" [하더라고요]. 정말 그렇잖아요, 너무 오래 아프고. 자식 잃은 아픔은 정말 다 똑같지만 그렇게 나이로 따지면 또 그런 차이가 있어요(한숨).

12
4·16 당일 '여성시대' 방송

면담자　　　오늘 이야기하지 못한 것 중에 더 남기고 싶은 말씀이 있으신가요?

예진 엄마　　제가 그렇지 않아도 세월호 침몰하는 16일 당일, 말씀을 안 드린 거 같아요. 뭐냐면 저희가 1호차를 타고 내려갔거든요. 그 와중에 전화가 와서 "생존자 명단에 있었다"고, 제가 그 말 했어요?

면담자 　　　예.

예진 엄마 　　　아, 했구나. 오늘 조사 신청서 쓰고 나서 내가 구술하려 한다니까, 내가 그 이야기를 안 한 것 같은데.

면담자 　　　명단에 있었….

예진 엄마 　　　우리 예진이 있었다고.

면담자 　　　통화했던 이야기는 해주셨는데, 명단에 있었….

예진 엄마 　　　1호차 버스로 내려가는데 누군가로부터 같이 타고 간 사람이 전화를 받았는데, 사건 현장인 것 같은 데서 전화가 왔다고 해가면서, 사람들이 우리 아이도 살았나 물어본다고 서로서로 했는데, 저도 가서 우리 예진이 생사 여부를 물어봤죠. 그랬더니 저쪽에서 뭘 움직이는 듯한 그런 느낌 있죠? 그러면서 "2학년 3반 정예진"이라고 그러니까 "잠깐만요, 잠깐만요. 누구라고요? 2학년 3반 정예진이라고요?" 그러더니 "잠깐만요" 막 찾는 것 같은 [같더니] "아, 예. 있습니다" 그러더라고요. 그게 도대체 누구로부터 누구한테 전화가 온 건지 그거는 사실 모르겠어요.

면담자 　　　어머님 '여성시대' 섭외 전화 왔다고 했잖아요. 나중에 '여성시대'로부터 파일 받으셨어요.

예진 엄마 　　　아니요, 못 했어요. 그거 어떻게 받아야 될지 몰라서.

면담자 　　　'여성시대'에서 어떻게 섭외 전화가 온 건가요?

예진 엄마   저는 무작위로 전화 온 줄 알았는데, 예진 아빠가 운전 중에 "세월호 침몰 관계된 사람, 그 사연을 연락을 달라"고 했는데 예진 아빠가 "우리 아이가 그 배에 타고 있어요" 해서 통화가 됐다 하더라고요. 그래서 "어머님 전화번호를 알려주셔라. 어머님하고 통화해 보겠다" 그래 갖고 그 작가가 전화 온 거였어요.

면담자   아버님께서 운전 중에 그 방송 들으면서요?

예진 엄마   내가 가면서도 우리 예진이하고 양희은하고 마지막 통화 끝나고 여기서 몇 바퀴 돌면서 학교를 갔거든요. 길도 잘 모르겠더라고요, 당황하니까. 가면서도 예진 아빠하고 양희은인지, 방송 어디에서 예진 아빠도 계속 이야기를 하면서 상황을 이야기하더라고요. 그래서 내가 나중에 그것 가지고도 뭐라고 그랬어요. 그 상황에서 "방송국하고 통화를 했다"고 막 그랬다고 그랬더니 "누가 이럴 줄 알았냐, 예진이 당연히 살아서 올 줄 알고 한 거지" [그러더라고요]. 그거 갖고도 처음에는 내가 막 지랄을 많이 했어요.

면담자   아버지도 방송에 나오셨군요.

예진 엄마   예. 라디오에서 그게 무슨, 본인은 기억을 할 거야. 그때 내가 막 지랄하고 나서는 그 뒤부터는 말도 안 했고. 우리 예진이가 뮤지컬 배우 된다고 연기학원을 엄청 열심히 다녔거든요. 근데 49재 때 애들이 좋아했던 거 보내준다고 그랬잖아요. 그런데 나는 우리 예진이가 학원에서 이만한 노트에다가 매일매일 그날 일기를 썼더라고요. "오늘은 다리 찢기가 됐다", "오늘은 보컬 연습을 할 때 목소리가 안 나왔다. 너무 힘들었다. 얼마나 더 연습을 해야" 이런 식으로 많이 썼더라고요, 매일매일을.

내가 그거는 도저히 못 태우겠어서 침대에 이렇게 올려놨는데 며칠 지나고 보니까 그게 없는 거예요. 물어봤더니 우리 예진 아빠가 태워줬다는 거예요. 그걸 갖고도 내가 또 얼마나 잡았는지 몰라요. "거기다 놔서 태우려고 놔둔 줄 알았다"고. 내가 맨날 잡았더니 어느 날은 술 한잔 먹고 "나도 미치겠다. 내가 왜 그런 짓을 했는지 모르겠다. 나도 미치겠다"고 하면서 울어서 그 뒤로는 그 이야기 안 해. 근데 사실은 진짜 아쉬워요, 내가 다 못 읽었거든요. 울면서 보다가 빼놓은 거였거든요.

면담자   그러게요, 그때 개인기록팀이라도 있었으면 스캔이라도 해놨을 건데 안타깝네요.

예진 엄마   그러니까요. 내가 일부러 그걸 빼놨었어요, 침대에다 딱 보이게. 근데 그걸 갖고 온 거예요.

면담자   되게 성실한 분이다 보니 그렇게 된 거네요.

예진 엄마   예. 성실하고 집안 치우는 걸 잘하는 사람이라 나한테 많이 혼난 게 뭐냐면, 예진이가 1학년 때 저희 차가 서 있었는데 음주 차가[음주 운전자 차량이] 들이받아서 확 넘어가서 폐차한 차가 있어요. 근데 학교에서 글짓기 대회가 있으니[있었는데] 그거에 대한 거를 써서 애가 상을 받았더라고요. 나는 상 받으면 카카오스토리에도 올리고 막 그러거든요, 상장을 붙여놓고. 애가 쓴 거를 컴

퓨터로 뽑아왔더라고요. 그거를 집에 붙여놨는데, 어느 날 보니까 상장은 있고 옆에 게[글짓기 내용이] 없어요. 그래서 어쨌냐니까 청소할 때 다 치웠다는 거예요. 너무 짜증 나는 거예요, 그때도 짜증을 냈고.

또 애들이 얼마나 예뻤냐면 엄마, 아빠들 생일날이면 큰 종이에다가 하트 포스트잇으로 "예진 아버지", 장난으로, "생신 축하드려요" 이러면서 "맛있는 거 많이 드세요" 이런 걸 집에 만들어왔어요. 제가 인증 샷을 해놓고 그걸 붙여놨단 말이에요. 얼마나 예뻐요, 애들이. 그때도 너무 예뻐서 했는데, 그것도 청소할 때 다 치운 거예요. 예진 아빠는 그렇게 버리는 걸 좋아해요, 깔끔하게 치운다고. 나는 싫거든요. 애들 추억이라 다 남겨놓고 했었거든요. 그것도 내가, 아무튼 많이 잡았었어요, 인증 샷이 그나마 남아 있어서. 그런데 거기서 지금 보니까 낯익은 애들 이름이 보이는 거죠, 그때는 몰랐는데. 은지, 예슬이 이름이 보이고 그러더라고요. 애들이 예쁘게, 지네끼리도 많이 그랬었어요(한숨). 살아서 이런 이야기 하면 얼마나 좋을까요.

면담자   하실 말씀이 더 많으실 것 같은데요?

예진 엄마   아니에요. 모르겠어요, '무슨 얘기를 하지?' 하다가도 오게 되면 말을 하게 되네요.

면담자   그럼, 이것으로 구술을 모두 마치도록 할게요. 힘드셨을 텐데 긴 이야기 감사합니다.

4·16구술증언록 단원고 2학년 3반 제3권

그날을 말하다 예진 엄마 박유신

ⓒ 4·16기억저장소, 2019

기획 편집 4·16기억저장소 ⏐ **지원 협조** (사)4·16세월호참사가족협의회
펴낸이 김종수 ⏐ **펴낸곳** 한울엠플러스(주)
초판 1쇄 인쇄 2019년 4월 1일 ⏐ **초판 1쇄 발행** 2019년 4월 16일
주소 10881 경기도 파주시 광인사길 153 한울시소빌딩 3층
전화 031-955-0655 ⏐ **팩스** 031-955-0656 ⏐ **홈페이지** www.hanulmplus.kr
등록번호 제406-2015-000143호

Printed in Korea.
ISBN 978-89-460-6715-8 04300
        978-89-460-6700-4 (세트)
* 책값은 겉표지에 표시되어 있습니다.